Ces âmes que l'on préfère oublier…

Catalogage avant publication de Bibliothèque et Archives nationales du Québec et Bibliothèque et Archives Canada

Michaud, Marie-Pierre, 1947-
Ces âmes que l'on préfère oublier… nourrir la lumière au cœur de l'ombre
ISBN 978-2-89436-445-1
1. Démonologie I. Titre.
BF1532.M52 2014 133.4'2 C2013-942578-0

Nous reconnaissons l'aide financière du gouvernement du Canada par l'entremise du Fonds du livre du Canada (FLC) pour nos activités d'édition.

Nous remercions la Société de développement des entreprises culturelles du Québec (SODEC) pour son appui à notre programme de publication.

Gouvernement du Québec – Programme de crédit d'impôt pour l'édition de livres – Gestion SODEC.

Photo de l'auteure : Louis Brunet
Infographie de la couverture : Marjorie Patry
Mise en pages : Josée Larrivée
Révision linguistique : Amélie Lapierre
Correction d'épreuves : Michèle Blais

Éditeur : Les Éditions Le Dauphin Blanc inc.
Complexe Lebourgneuf, bureau 125
825, boulevard Lebourgneuf
Québec (Québec) G2J 0B9 CANADA
Tél. : 418 845-4045 Téléc. : 418 845-1933
Courriel : info@dauphinblanc.com
Site web : www.dauphinblanc.com

ISBN format papier : 978-2-89436-445-1
ISBN format numérique pdf : 978-2-89436-486-4
ISBN format numérique epub : 978-2-89436-487-1
ISBN format numérique mobi : 978-2-89436-488-8

Dépôt légal : 1e trimestre 2014
Bibliothèque nationale du Québec
Bibliothèque et Archives Canada

Données de catalogage disponibles auprès de Bibliothèque et Archives nationales du Québec.

Imprimé au Canada

Marie-Pierre Michaud

Ces âmes que l'on préfère oublier...

Nourrir la lumière au cœur de l'ombre

Le Dauphin Blanc

« Pardonner aux autres, c'est faire la paix avec soi. »

Marie-Pierre

À Anita et à Réal,
pour tout ce que nous avons partagé
et pour tout ce que nous aurions dû partager.
Je vous aime de tout mon cœur !

Marie

Table des matières

Note au lecteur

Souvent, les gens qui commencent un cheminement spirituel se heurtent à un langage spécialisé et doivent recourir à un lexique à la fin d'une œuvre. J'ai choisi d'écrire le présent livre dans un langage simple et accessible à tout le monde. Si un mot ou une expression exige une explication, elle sera incluse, quitte à alourdir le texte par moments.

Quoi que vous fassiez et peu importe où vous en êtes dans votre parcours spirituel, je vous suggère de toujours vous protéger lorsque vous travaillez dans le domaine paranormal. Si le fait de lire un ouvrage quelconque sur les âmes des défunts ou des mots comme *mort*, âme, *défunt* provoque en vous un inconfort inhabituel, vous devriez prendre un moment pour vous entourer de lumière et faire une courte prière, si cela peut vous rassurer.

Voici un rituel très simple. Prenez trois respirations profondes tout en vous imaginant au centre de votre être un immense œuf de cristal recouvert de lumière brillante. Demandez à votre ange gardien de vous accompagner dans votre lecture ou dans votre travail pour que vous en ressortiez dans la sérénité et la paix. Si vous en ressentez le besoin, récitez un Ave ou toute autre prière de votre choix.

Bonne lecture !

Avertissement

Dans le présent livre, il sera rapidement question du destin des âmes noires, c'est-à-dire celles qui consciemment se sont mises au service de l'Ombre. D'où viennent-elles ? Où iront-elles une fois leur vie terrestre terminée ? En enfer possiblement. Ce n'est pas à moi de juger ces âmes ni de voir à leur pardon.

Ces âmes, durant leur incarnation, ont commis des atrocités impardonnables dans la vibration terrestre. Certaines ont tué volontairement des enfants, assassiné des êtres humains uniquement par plaisir ou pour satisfaire de vils instincts, commis des génocides et bien d'autres crimes aussi horribles les uns que les autres.

Ce n'est pas ma mission de les comprendre, encore moins de les défendre !

J'en parlerai à l'occasion, car elles existent, mais simplement à titre informatif ou comparatif.

Avant d'entrer dans le vif du sujet, je vais vous raconter mon parcours et ce qui m'a fait découvrir à quel point la compassion, l'amour et le pardon sont nécessaires autant pour notre bien-être que pour celui des âmes qui nous quittent.

Chapitre 1

Un long parcours

Je m'intéresse sérieusement à ce qui touche à la métaphysique depuis plus de quarante ans. En fait, je pourrais même dire depuis mon enfance, sans doute à cause de divers phénomènes que j'ai dû affronter lorsque j'étais très jeune. Certains sont remontés à ma mémoire de manière assez brutale en lisant le livre de Jean Casault, *Ce dont je n'ai jamais parlé*.

Voici le courriel que j'ai fait parvenir à monsieur Casault concernant un incident inexplicable, enfin, pour moi :

> *Ce vendredi soir, je suis allée à notre chalet situé entre le mont Mégantic et le lac Mégantic. Mon mari travaillait cette fin de semaine. J'ai donc décidé de partir seule pour faire du ménage et ouvrir officiellement le chalet. Le printemps hâtif nous permettait d'y avoir accès plus rapidement.*
>
> *J'avais peinturé et décapé des meubles toute la journée. Le soir, une amie d'un chalet situé plus haut est venue me demander si j'avais besoin de quelque chose. Elle est remontée chez elle moins d'une heure plus tard. Sur le perron, je lui ai offert une lampe de poche pour se guider, car la nuit était*

presque tombée. Elle a refusé et je l'ai regardée partir, puis je l'ai perdue de vue à l'entrée de notre chemin long d'environ 50 mètres. Elle a crié : « Ça y est, je suis traversée. » Je ne la voyais plus, il faisait noir comme chez le loup…

J'étais debout sur le perron et ma voiture se trouvait à ma gauche. Ses phares étaient de mon côté. Je les aurais vus s'ils avaient été allumés.

À vingt et une heures, j'ai verrouillé la porte-fenêtre puis fermé les stores de ma chambre à coucher. Les phares de la voiture étaient toujours éteints. Je me suis mise au lit, fourbue, à vingt et une heures trente, après avoir avalé deux Tylenol parce que mes muscles commençaient à me faire souffrir à la suite d'une journée harassante. Je suis sujette à l'insomnie et je craignais de ne pas m'endormir à cause de la fatigue. J'ai aussi pris un comprimé de Sleepeasy.

À vingt-trois heures vingt-cinq, je me suis réveillée sans raison. J'étais découragée de constater que je venais à peine de m'endormir. Je me suis retournée face à la fenêtre. Le store vertical ne fermait pas bien et je bougonnais en constatant que j'avais la lune en pleine face et que je devais me lever pour replacer la lame. En écartant le store, j'ai réalisé que, non seulement il n'y avait pas de lune, mais les phares de la voiture, maintenant allumés, clignotaient à une vitesse folle ! J'avoue avoir eu la frousse pendant quelques secondes.

J'ai pensé que des voleurs avaient voulu s'emparer de la voiture. Même s'il y a peu de résidents dans le secteur à cette période de l'année, à trois jours de Pâques, mais sait-on jamais. J'ai aussi pensé qu'un orignal avait pu frôler l'auto puisqu'il en vient parfois sur le terrain. Par contre, je n'avais pas d'« antidémarreur » ! De plus, un antidémarreur aurait fait du vacarme, et ça s'entend, surtout en plein bois.

J'ai ouvert la fenêtre pour écouter si la voiture était en marche. Aucun bruit! J'avoue avoir eu un moment de panique, car j'étais totalement seule. Les voisins étaient éloignés, je n'avais pas le téléphone. Et mon cellulaire n'entrait pas, en bas, dans la vallée. Il fallait aller sur une montagne…

Ces lumières m'énervaient, mais il n'était absolument pas question de sortir les éteindre sans savoir ce qui se passait à l'extérieur, surtout que j'ai un peu peur du noir… En voyant mes clés sur le bureau, près de la porte, j'ai pensé actionner le démarreur à distance. Dix minutes plus tard, tout s'est éteint.

Je suis retournée me coucher une heure plus tard, après m'être convaincue que ça devait être mon ange gardien qui m'avait réveillée pour que je puisse éteindre les phares, sinon, le lendemain, la batterie de la voiture aurait été déchargée. Au petit matin, je me suis convaincue que l'incident pouvait être relié à une tempête solaire, car certains phénomènes de ce genre se produisent à l'occasion.

Le lendemain, j'ai demandé à mes amis si les phares d'une voiture pouvaient s'allumer seuls. On m'a parlé de problèmes électriques! La semaine suivante, mon mari est allé faire vérifier la voiture et le mécanicien n'a rien vu d'anormal dans le système électrique.

Quelques semaines plus tard, j'ai lu un des livres de Jean Casault où il était question de ce genre de phénomène. Quand un véhicule spatial, ou un ovni, si vous préférez, passe à basse altitude, il arrive que les lumières des voitures se mettent à clignoter à vive allure ! J'ai écrit à nouveau à monsieur Casault. Il m'a répondu que j'avais possiblement eu un petit « coucou » de nos amis extraterrestres. Par la suite, je lui ai raconté certains faits vécus dans mon enfance. Il est fort possible que j'aie reçu ce genre de visiteurs à quelques occasions au cours de ma vie. À ce moment-là, je ne lui ai pas parlé de mes « amis à la face de lune[1] ». Ce n'est que l'année dernière que je lui ai mentionné ce fait.

Enfant, il était facile de parler des êtres bizarres qui venaient me visiter soit dans ma chambre soit dans ma garde-robe. En vieillissant, j'ai vite compris qu'il valait mieux me taire. De nos jours, nous parlons beaucoup et facilement des amis imaginaires de nos enfants. À cette époque, beaucoup moins, pour ne pas dire jamais. Par contre, ces amis imaginaires tendent à disparaître quand l'enfant atteint l'âge de raison. Mes amis à moi continuaient leur visite alors que j'avais neuf, dix, vingt ans, et plus encore. Pourquoi ? Je l'ignore et je ne le saurai sans doute jamais. Ils m'ont accompagnée d'aussi loin que je remonte dans mes souvenirs : à quatre ans, à trois ans, et même plus tôt. Il m'arrive d'avoir des *flashs*, mais pas suffisamment longs pour que je puisse m'en rappeler exactement.

J'écris cette partie du livre concernant ma vie avec un réel détachement et une sérénité qui me surprennent par moments. Je comprends ainsi que le travail accompli depuis toutes ces années a porté des fruits. J'ai appris et intégré les enseignements de mes guides, des maîtres et des anges, autant ceux qui sont terrestres que ceux qui voltigent dans des plans supérieurs. Je me sens tellement en paix ! Je sais que je peux poursuivre ma mission, mon mandat d'aider les âmes en quête de pardon parce que j'ai moi-même compris ce qu'apporte le pardon, autant à moi qu'à ceux à qui j'ai pardonné.

C'est avec beaucoup d'amour que je vous livre une mince partie de ma vie.

1. Je parlerai de ces êtres un peu plus loin.

Chapitre 2

Les premiers contacts

Mon parrain et ma marraine m'ont recueillie alors que j'avais à peine un an. Ils n'ont pas eu d'enfant. Je fus donc élevée seule. Les enfants uniques organisent leur vie en fonction de leurs besoins et du temps considérable dont ils disposent. Je passais plusieurs heures dans ma chambre, parfois pour jouer, parfois pour lire et souvent parce que j'y étais en punition. J'avais la fâcheuse habitude de grimper aux arbres ou d'aller me promener dans un petit boisé, à proximité, pour en revenir sale comme ce n'était pas permis, du moins pour une fille ! J'étais déjà d'une témérité qui apeurait ma tante. J'adorais grimper dans les arbres et aller le plus haut possible. La seule chose qui m'arrêtait, c'était la peur des couleuvres et des ours ! Je crois que ma marraine a dû passer une partie de sa vie à remercier mon ange gardien… Donc, ma tante, habituée à mes aventures remplies d'Indiens et de cow-boys, m'a tout d'abord écoutée d'une oreille distraite quand j'ai commencé à parler de fantômes…

Lorsque je disais que je voyais des fantômes ou des « Martiens avec des faces de lune » entrer dans ma chambre la nuit, que je percevais mon ange gardien ou que je lui parlais, ma marraine levait les yeux au ciel en disant d'arrêter de raconter des menteries. Plus, tard, elle m'ordonnait de me taire parce que c'était le diable qui me mettait ces idées dans la tête et que j'irais en enfer si je continuais à raconter ces histoires. Quand je prédisais des événements qui « se concrétisaient », je l'entendais dire à sa sœur au téléphone : « La petite démone a parlé au diable ! » Puis, on disait que j'avais trop d'imagination… Au bout du compte, ma tante m'ordonna de me taire parce que les gens allaient dire que j'étais folle et qu'ils allaient m'enfermer dans un « asile ».

Les menaces n'ont jamais eu de prise sur mon caractère. Ma tante me fit donc promettre de ne plus parler de ça aux autres. Je pouvais le dire à elle uniquement. Comme j'étais obéissante, j'ai promis et tenu ma promesse jusqu'à l'âge adulte.

Ne pas en parler ne faisait pas cesser les apparitions impromptues, vous l'aurez deviné.

Chapitre 3

L'ange de la forêt

Parmi mes amis supposément imaginaires de l'époque, il y en avait un qui n'était pas un enfant mais un adulte. Cet être ne venait jamais dans ma maison. Je dis imaginaire, car personne jusque-là ne l'avait vu à part moi. Je le retrouvais sous le grand pin, sur le coteau, derrière notre maison. Je croyais qu'il vivait dans l'arbre qui surplombait notre terrain. Un jour, j'en avais parlé à madame Talbot, la femme du fermier à qui appartenait la terre en question. Cette dame qui n'avait pas de petits-enfants m'avait prise sous son aile. Elle m'emmenait aux fraises, aux bleuets, me faisait de belles tartines de crème et de « sucre du pays », m'indiquait les plantes vénéneuses à éviter et avait tout tenté pour me faire comprendre que les couleuvres étaient bonnes et nécessaires à la nature. Je la croyais sur parole. (Cette femme bonne et généreuse ne me mentait jamais, contrairement aux autres adultes, cela dit, je ne me suis jamais habituée à ces « rampants ».) Donc, quand je lui ai parlé de mon ami sur la colline, elle ne m'a pas démentie. Elle m'a posé de nombreuses questions pour finir par me dire que c'était un ange ! Là, j'ai eu un doute parce qu'à ma connaissance, les anges portaient une auréole et avaient des ailes. Sans se démonter, elle m'expliqua que c'était leur manière de s'habiller au ciel, mais lorsqu'ils venaient en mission sur la terre, ils s'habillaient autrement pour ne pas salir leurs ailes.

Du haut de mes dix ans, je trouvais cela tout à fait plausible. Ma vieille amie m'a raconté qu'elle voyait cet ange de temps en temps quand elle venait mener ou chercher les vaches sur cette colline. La première fois, c'était quand elle s'était tordu une cheville. Madame Talbot s'était assise sous le pin et avait prié son ange gardien pour qu'il l'aide à redescendre, car elle craignait de ne pas pouvoir y parvenir toute seule. (La maison était tout de même en contrebas et se trouvait de l'autre côté de la route. Il fallait ramener les bêtes pour la traite en passant par un sentier plein de racines.) Elle me dit avoir vu un jeune homme grand, très beau, avec de longs cheveux blancs. J'ai répliqué que mon ami était si grand que, debout, sa tête passait au travers des branches de l'arbre. Quelques minutes plus tard, nous avons convenu que c'était bel et bien le même personnage. Donc, cet ange a aidé ma vieille amie à supporter sa douleur et à redescendre chez elle. Quand je lui ai demandé s'il était entré dans sa maison, elle m'a répondu qu'il ne quittait jamais la forêt. Je me rappelle lui avoir dit que nous étions comme les enfants de Fatima. Elle a hoché la tête vivement en disant que nous n'étions pas des saints et que nous n'avions pas vu la Sainte Vierge, mais juste un ange ! Puis, elle m'a fait promettre de ne jamais parler de cela à quelqu'un d'autre. Nous étions en 1957. Madame Talbot devait avoir la soixantaine et vivait selon les principes religieux de cette époque. Pourtant, selon ses dires, elle a vu cet ange de la forêt des dizaines de fois dans sa vie. J'ignore si elle a eu d'autres contacts plus tard. Savoir que je n'étais pas seule à voir cet ami invisible m'a redonné confiance. Cet après-midi-là, je lui avais parlé des fantômes et des Martiens qui me rendaient visite. Ma vieille voisine m'expliqua que j'avais été choisie et que la plupart des gens ne verraient jamais ce que je voyais. Puis, elle m'a conseillé de prier très fort pour que ce ne soit pas le diable qui entre dans ma chambre. Nous avons aussi récité la prière de l'ange gardien pour le remercier de nous avoir choisies.

Cette journée a été la plus belle de ma courte vie, du moins à cette époque, car pour la première fois, j'avais été choisie.

À partir de ce jour, madame Talbot est devenue une personne importante et marquante dans ma vie. Quand, trois ans plus tard, nous avons déménagé, c'est en pleurant que je me suis arrachée de ses bras. Vingt ans ont passé avant que j'aie le bonheur de la revoir, et ce, quelques mois avant son décès. Je lui avais offert une veste toute blanche et douce. Je l'ai aidée à l'enfiler, car elle s'était cassé une hanche et elle avait de la difficulté à bouger. Elle m'a dit: «C'est doux comme les ailes d'un ange...» Je me suis agenouillée à ses pieds et je lui ai pris les mains en lui demandant si elle souffrait beaucoup. Elle m'a répondu en me regardant dans les yeux que ce n'était pas si pire, que son ange gardien prenait une partie de sa douleur... J'aurais voulu courir sur la colline pour voir s'il était toujours là. Malheureusement, ce n'était plus chez moi ni chez elle non plus. Les nouveaux propriétaires avaient tout changé et il n'y avait plus d'accès pour monter là-haut.

Plus tard, quand je repensais à ces rencontres avec cet ange, alors que le doute m'assaillait, je me disais que si une adulte avait vu ce que j'avais vu, ce n'était donc pas sorti de mon imaginaire.

Quant à moi, cet ange, que ça en soit un ou pas, a été présent durant les trois années où nous avons demeuré à cet endroit. Je me souviens de certaines conversations où il me racontait qu'un jour, je comprendrais d'où je venais réellement et pourquoi je devais vivre dans cette famille... L'enfant que j'étais s'avérait incapable de croire ni de comprendre que les coups et les paroles blessantes, qui faisaient partie intégrante de ma vie, me façonneraient et feraient de moi cette femme qui aurait pour mandat d'aider des âmes abandonnées et rejetées que tout le monde préfère oublier.

J'ai oublié la majorité de mes conversations avec cet ami invisible. De temps à autre, il m'arrive de me souvenir et de voir des images qui maintenant me surprennent compte tenu de ce que la vie m'a appris. J'ai alors un élan de gratitude pour ces moments hors du commun.

Bien que cela puisse paraître difficile à croire, je suis persuadée que l'ange en question a mis des images dans ma tête, images que j'ai revues plusieurs années plus tard sans connaître leur signification. Ce n'est que vers la fin de la vingtaine que j'ai enfin compris ce qui en était. Alors que je m'apprêtais à entrer en méditation, j'ai pris conscience que je me trouvais dans une sorte de tube en cristal tout blanc et translucide si haut que je n'en voyais pas la fin. Je connaissais cet «endroit». Je savais que je me trouvais dans un lieu où je pouvais communiquer avec des êtres invisibles, je savais que je pouvais retourner voir mes amis, mes guides, en fait.

C'est alors que j'ai recommencé à recevoir des messages, et pour de bon, cette fois. J'y reviendrai plus tard.

Chapitre 4

Un départ difficile

Notre départ du Bas-du-Fleuve fut pour moi un moment extrêmement pénible. J'allais avoir douze ans. D'une part, je quittais un endroit connu depuis l'enfance, d'autre part, je m'éloignais de ma petite sœur qui habitait à un « mille » de chez nous. Ma sœur tout comme l'un de mes frères furent aussi donnés à leur marraine et à leur parrain respectifs. Ma sœur devait avoir deux ans. Quant à mon frère, j'ignore à quel âge nos parents réussirent à le placer. Mon frère a vécu en Abitibi plus ou moins les quatorze premières années de sa vie. Ma sœur et moi l'avons connu autour de cet âge.

Ce fut différent en ce qui concerne ma sœur. Sa marraine était l'unique sœur de la mienne. Les contacts furent donc plus nombreux. Étant élevées comme des cousines, nous nous entendions à merveille et n'avions pas à « concurrencer » pour l'amour de nos parents, il va sans dire !

Nous avons toujours su que nous étions adoptées et nous avons créé un univers personnel à travers nos rencontres. Lorsque nous étions ensemble, nous discutions souvent de nos parents, de leur abandon et de nos familles d'adoption, mais toujours en catimini. J'ignorais pour quelle raison on nous séparait parfois lors de visites chez l'une et l'autre de nos marraines. Était-ce des punitions pour des gestes ou des répliques inappropriés à leurs yeux ? À l'heure des repas, on ne nous assoyait pas toujours ensemble. Même que, parfois, on nous interdisait d'être ensemble toutes seules dans la même pièce. Heureusement, ce n'était pas la norme. Par contre, ces séparations devaient être assez nombreuses pour que nous développions notre propre mode de discussion : la télépathie. J'ignore combien de temps ça nous a pris pour nous comprendre, mais ce fut d'une simplicité désarmante. Toujours est-il que ma marraine, heureuse de ne plus m'entendre rouspéter parce que je n'avais pas le droit de m'asseoir à côté de ma sœur, nous laissa à notre jeu. Ce n'est que plus tard qu'elle réalisa que nous nous comprenions réellement. Elle posa des questions et voulut tenter l'expérience avec moi. Je refusai, prétextant que ma sœur et moi avions un don et que ça fonctionnait juste avec l'une et l'autre, ce qui était vrai, finalement. Même adultes, lorsque nous étions séparées par un groupe ou que nous nous retrouvions dans une foule, ma sœur et moi parvenions à nous parler sans que personne ne s'en rende compte, et ça nous arrive encore.

Donc, nous entrions dans une période qui fut pour mon parrain et père adoptif la fin d'une vie plutôt agréable. Pour ma tante et moi, ce fut la descente vers une grande pauvreté. L'alcoolisme de mon oncle prenait de plus en plus de place, il avait perdu son emploi de mécanicien dans un garage où il travaillait depuis au moins huit ans. La vente de notre demeure n'avait pas dû lui laisser grand-chose, compte tenu de la maison où nous avons habité les quelques mois suivants. Cela dit, il nous est arrivé de déménager jusqu'à cinq fois la même année. En général, c'était deux fois, parfois trois. Grâce à Dieu, j'étais bonne à l'école et j'ai développé une immense capacité d'adaptation, sans doute parce que je n'ai jamais eu d'amis étant enfant. J'étais une enfant solitaire, je suis devenue une adolescente solitaire et, plus tard, une adulte qui n'entrait jamais en relation avec des inconnus. Des amis, je n'en ai jamais eu. Ma marraine m'interdisait d'aller chez mes copines d'école et refusait que j'invite qui que ce soit à la maison. En tout et partout, à ce jour, j'ai eu deux amies et deux bonnes copines durant mes années universitaires. Ma meilleure amie à vie, c'est ma sœur.

J'ouvre une parenthèse pour retourner un moment en arrière afin de relater ma première rencontre avec ma mère biologique et certains propos qu'a commencé à me tenir ma marraine. Cela vous permettra de comprendre certains traits de caractère de cette femme devenue acariâtre à la suite de nombreuses désillusions.

J'avais cinq ans le jour où j'ai vu ma mère biologique pour la première fois. Elle non plus ne m'avait pas revue, même pas de loin depuis que mon père m'avait donnée. Je me souviens de lui avoir dit: « Bonjour, madame » quand elle me fut présentée et j'ai refusé de l'appeler « maman ». Elle a éclaté en sanglots et on m'a fait sortir du salon à toute vitesse. J'ai eu très peur qu'elle m'emmène et je refusais de lui parler. J'ai tout de même essayé le pyjama qu'elle m'avait offert et je suis allée parader quelques secondes pour lui montrer comment il m'allait. Il était rose et délicat, léger comme une plume. Pour l'enfant que j'étais, il ressemblait à un pyjama de princesse. C'est la seule et unique fois où je l'ai porté. De retour à la maison, ma tante l'a caché en disant que c'était trop beau pour moi et je ne l'ai jamais revu.

Je ne vais pas m'attarder longuement sur certains aspects de mon enfance. J'ai pardonné à ma tante voilà plus de vingt ans et j'aurais l'impression de revenir sur ce pardon si j'allais trop loin.

Ma marraine n'a aimé aucune des femmes de son entourage, surtout pas ses belles-sœurs et encore moins ma propre mère. Elle m'en dressait un portrait si abominable que lorsqu'elle voulait me punir, elle me menaçait de me « retourner » à ma mère, ce qui me mettait dans un état de panique indescriptible. Cette aversion de ma tante contre maman venait sans doute du fait que mes parents avaient vécu en couple avant de se marier, ce qui, à l'époque, était considéré comme un péché mortel. Elle aurait pu être heureuse de m'avoir arrachée à mon triste sort. Malheureusement pour moi, ma présence lui fut imposée.

J'ai été élevée dans cet esprit que je devais me contenter de ce que j'avais parce que je ne méritais rien d'autre. Que je devais me considérer comme chanceuse d'avoir un toit et quelque chose à manger parce que si j'étais encore avec ma mère, elle me vendrait ! Évidemment, j'ai fini par développer un sentiment d'infériorité. Paradoxalement, je savais que j'avais quelque chose de différent que tout le monde n'avait pas. Je voyais des fantômes et je conversais avec de drôles de personnages avec des faces de lune qui venaient me voir dans ma chambre et qui me parlaient dans ma tête ! Fin de la parenthèse.

Ouf ! Je suis tout à coup submergée d'émotion. Je réalise que revenir à l'enfance pour mettre des bribes de ma vie sur papier engendrera de belles émotions, pas que de douloureux souvenirs. Je remercie d'avance mes anges protecteurs de prendre soin de moi.

Ainsi, à douze ans, j'ai dû quitter une communauté où je me sentais acceptée. Je n'avais pas changé d'école depuis trois ans, ce qui n'est jamais arrivé par la suite. Mon oncle, qui ne semblait plus être en mesure de nous faire vivre, continua tout de même à boire. En plus de quitter ma sœur et ma tante Jeanne que j'aimais énormément, j'ai dû me séparer de mes deux chèvres que j'adorais et de quelques chats… C'était presque le début de mon adolescence et je trouvais que ma vie tenait du cauchemar.

Il fut un temps où nous habitions même une église protestante désaffectée. C'est le seul endroit que mon oncle pouvait s'offrir comme résidence. On a failli y mourir quand le système de chauffage a fait des siennes et que de la suie a envahi l'espace. Pourtant, j'aimais cet endroit. Il y avait bien un cimetière juste à côté, mais la présence de la mort me faisait de moins en moins peur. J'allais même me promener à travers les pierres tombales pour lire les inscriptions et les noms des familles. Tous des Anglais… Cela rassura ma tante qui me disait que puisqu'ils étaient anglais, au moins ceux-là n'allaient pas me raconter leurs histoires ! J'ignorais alors à quoi elle faisait référence. Pendant quelques années, ma mémoire allait me cacher certains faits. Mon adolescence devenait de plus en plus difficile et survivre prenait déjà beaucoup de mon temps.

À cette époque, je « séchais » parfois des cours par manque de motivation. Mon oncle et ma tante quittaient la maison très tôt le matin. Je crois qu'ils avaient trouvé du travail. Ça devait être assez loin, car ils partaient pendant douze heures, parfois plus. Je n'avais pas d'amis puisque ça m'était interdit. Alors, je lisais, j'apprenais mes leçons, je faisais mes devoirs sans conviction, car je sentais que nous allions encore déménager. Eh oui, moins de trois mois après notre arrivée dans un petit village des « Cantons-de-l'Est », comme nous le disions autrefois, voilà que nous déménagions à nouveau. Le plus bizarre, c'est que nous ne voyagions pas léger ; ça prenait chaque fois un immense camion de déménagement et mon oncle engageait des déménageurs.

L'année suivante, nous nous sommes installés à Granby et je suis allée à l'école pour de bon. J'ai terminé ma septième année avec de bons résultats, les meilleures notes en français et en géographie. Ça aurait pu être une période de stabilité. J'allais aborder l'école secondaire avec des rêves plein la tête. Malheureusement, ce fut une catastrophe. J'ai réussi à faire quelques années d'école secondaire tout en travaillant à mi-temps. Puis, à la suite de la séparation d'avec mon oncle, ma tante apprit qu'elle ne pouvait pas recevoir d'allocation pour moi, car je n'étais pas adoptée légalement. Cette situation a tellement envenimé les choses avec ma tante que j'ai dû être hospitalisée pour une tentative de suicide, et tout ce que cela implique de complications. J'avais seize ans.

Malgré tout et sans savoir pourquoi, j'ai toujours cru qu'un jour, il m'arriverait quelque chose de bien. Je suis une optimiste de nature et d'une indépendance à faire rougir un chat. Au couvent, les religieuses ont tenté sans résultat de me faire croire que j'étais née pour un petit pain ! Personne ne m'a crue quand je disais qu'un jour j'irais à l'université… J'y suis allée à 37 ans. J'ai obtenu un baccalauréat et une maîtrise en études littéraires tout en travaillant et en ayant à charge trois enfants, puisque j'étais divorcée. J'ai fait un *burnout* la dernière année du baccalauréat et j'ai dû revoir mes priorités. Quand septembre est arrivé, j'y suis allée mollo. J'ai eu de la chance. Noël Audet, mon directeur de mémoire, m'a fait confiance et m'a beaucoup aidée.

Entre ma quinzième année et celle où j'ai reçu mes diplômes, bien de l'eau a coulé sous les ponts de ma vie tumultueuse.

À dix-sept ans, je me suis retrouvée seule très tôt et j'ai été obligée de faire face à mes responsabilités et de gagner ma vie sans beaucoup d'aide. Mes parents biologiques étaient la honte de la famille. Personne ne voulait donc entendre prononcer leur nom. Quant à mon oncle et à ma tante qui me servaient de parents, ils étaient considérés comme la lie de cette famille eux aussi. Disons que j'ai choisi une famille difficile. Heureusement, j'étais persévérante et j'avais du caractère ainsi qu'un très bon ange gardien qui doit tellement être heureux de me voir devenue raisonnable ! Cela dit, je me suis demandé à quelques reprises où se trouvait mon ange gardien, notamment ce soir d'hiver où j'ai été violée alors que je n'avais pas encore dix-huit ans. J'avais tellement honte qu'au travail, j'ai prétexté un accident pour expliquer mes nombreuses ecchymoses. Je n'ai pas porté plainte. À cette époque, la majorité était établie à vingt et un ans. J'aurais pu être enfermée jusqu'à cet âge, puisque personne n'était responsable de moi et nul ne savait où se trouvaient mes parents. En fait, ils avaient disparu depuis plusieurs années.

Même pour me marier, il a fallu convoquer une assemblée de famille puisque j'étais mineure : j'avais dix-neuf ans. Mon parrain est devenu mon tuteur légal, ce qui a déclenché une crise avec ma marraine qui ne voulait pas que son ex soit mon témoin. Elle a refusé d'assister à mon mariage, autant à la cérémonie à l'église qu'à la réception. Elle n'a pas voulu non plus assister au baptême de ma fille, car mon parrain vivait maintenant avec nous depuis mon mariage. Je n'ai pas cru nécessaire de l'inviter au baptême de mes garçons. Ma douleur mentale avait atteint ses limites.

Je me suis mariée, croyant trouver la stabilité et l'amour qui avaient fait défaut jusque-là dans ma vie. Ce ne fut pas le cas et je m'en suis remise avec le temps. Grâce à Dieu, j'ai eu des enfants, et je sais que je n'ai pas été à la hauteur. J'ai essayé très fort d'être la mère que j'aurais aimé avoir. Je n'ai pas trouvé le bon mode d'emploi. J'ai de la chance parce que j'ai toujours pu communiquer avec mes enfants. L'adolescence de ma fille a été pénible autant pour elle que pour moi. Par contre, je l'aimais et je l'aime toujours, et elle le sait. Je lui ai demandé pardon pour les erreurs commises. J'avais sans doute des circonstances atténuantes, mais pas d'excuses. Ma fille et moi avons de nombreux points en commun, dont l'amour l'une pour l'autre et un grand sens de l'humour. Brigitte est ma première enfant.

C'est la naissance de Jean-François, mon premier fils, qui m'a menée à ma quête. Quand une maman se réveille quelques minutes après l'accouchement et demande à voir son nouveau-né et qu'elle se fait répondre qu'il est en route vers l'hôpital Sainte-Justine, entre la vie et la mort, ça fait éclater son cœur de douleur !

Encore là, j'ai eu de la chance. Nous avons eu de la chance, mon fils et moi, car il s'est remis de ses problèmes pulmonaires. Cela dit, j'ai eu un troisième enfant en 1972, un autre garçon qui, malheureusement, est décédé vingt-quatre heures après sa naissance, de problèmes pulmonaires lui aussi.

Quand un enfant meurt si tôt après sa naissance, que lui arrive-t-il ? Où va-t-il ? Que sont les limbes ? Est-il seul ? Il doit avoir si peur ! Pourquoi Dieu nous permet-il d'avoir un enfant et pourquoi le reprend-il si rapidement ? J'avais besoin de réponses ! Et de vraies réponses, rien du genre « c'est le bon Dieu qui décide » ou « Dieu éprouve ceux qu'il aime », et toutes les niaiseries du genre.

Je suis allée à la bibliothèque de la ville pour trouver des livres qui pourraient me renseigner et j'ai découvert un monde dans lequel je me reconnaissais. Lors de la parution du livre de Raymond Moody, j'ai pleuré de joie ! La vie ne s'arrêtait pas à la grille du cimetière. Je le savais ! Je l'avais toujours su, sinon d'où venaient les fantômes et les esprits ?

J'avais maintenant des réponses à certaines questions, mais il m'en manquait encore beaucoup.

En 1975, quand Dominic, mon troisième fils, est né avec la même maladie que ses frères, j'ai cru encore une fois mourir de chagrin. Heureusement pour nous, la médecine a fait des miracles grâce à la recherche et a sauvé deux de mes garçons sur trois. Merci à la recherche et merci à l'hôpital Sainte-Justine de Montréal.

Chapitre 5

Les premiers pas

Un jour, par hasard, je me suis intéressée au tirage du tarot. J'interprétais uniquement le tarot égyptien. J'avais acheté le livre de Jean-Louis Victor sur ce tarot, dans lequel les 22 arcanes majeurs sont inclus. Je n'y connaissais absolument rien, mais cela fonctionnait. Ce n'est que plus tard que j'ai compris que le principe des associations de signes et d'images déclenchait chez moi la voyance. Je m'étais inventé une manière de tirage qui n'a rien à voir avec le tirage traditionnel. Il fonctionnait au-delà de mes espérances. Je recevais de plus en plus de messages et je recommençais à voir les fantômes.

Cela dit, je recevais des messages, je voyais des esprits, j'entendais parfois des conversations de l'astral, mais j'ignorais de quelle manière fermer le canal... Heureusement pour moi, depuis mon enfance perturbante et grâce à ma famille qui n'avait rien de familial, j'avais érigé une tour dans laquelle je m'enfermais quand je voulais m'échapper de ce monde. J'appliquais un peu le même principe. Parfois, ça fonctionnait, parfois, ça ne fonctionnait pas du tout. L'Univers allait se charger de m'aider.

En 1978, j'ai découvert le Centre de parapsychologie du Québec, situé à Pointe-du-Lac, en banlieue de Trois-Rivières. Comme bien des lieux de ce genre, il n'existe plus maintenant. À ce centre, fondé et dirigé par monsieur Rolland Roy et son équipe, j'ai découvert ce que sont les auras, comment les voir et les interpréter, etc. Jamais je n'oublierai cette journée où, pour la première fois, j'ai vu l'énergie qui entoure ma main et ce moment où j'ai aperçu le corps éthérique d'une personne ! Le monde de l'énergie s'ouvrait à moi et m'offrait enfin des réponses à tant de questions. J'y ai tout appris, y compris la guérison ésotérique, selon le principe d'Alice Bailey, que j'ai utilisée et que j'utilise encore. Cette équipe nous a enseigné à voyager dans l'astral sans danger, à communiquer avec les êtres qui circulent dans différentes dimensions et à aller puiser notre énergie dans l'Univers.

L'un des enseignements les plus importants a été de comprendre à quel point il était impérieux de se protéger des attaques psychiques, et ce, en tout temps et instantanément. Descendre rapidement dans nos ondes alpha et créer notre cocon (pour y arriver, voir « Annexe ») aussi vite que voyage la lumière s'avérait vital pour travailler dans le monde des esprits. Ce cocon de protection sert à tout ce que l'on peut imaginer, et ça fonctionne, croyez-moi ! J'ai mis ces principes à rude épreuve souvent et toujours avec succès.

J'ai fréquenté le Centre de parapsychologie du Québec durant deux ans, à raison d'une fin de semaine par mois, du vendredi soir au dimanche soir, dix-sept heures. Ni la pluie, ni la neige, ni rien n'aurait pu m'empêcher d'aller chercher ces informations si précieuses. À la fin de chaque fin de semaine de formation, les professeurs nous faisaient des suggestions de livres. Il y en a un qui m'a marquée plus que tout : *Réconciliation avec la vie*, de R. Emmanuel. C'est en partie grâce à ce livre et au *Livre d'Urantia* que j'ai accepté ma vie. Je parle ici de l'ancienne version, celle qui n'a pas été édulcorée. J'ai eu de la difficulté à trouver ce livre, car à l'époque la version ancienne était mise à l'index.

Ces enseignements font partie de ma vie et je me suis efforcée depuis de vivre selon les principes « ésotériques » prescrits. Par contre, vivre le moment présent fut sans doute la plus grande difficulté à laquelle j'ai dû faire face.

Les années ont passé puis j'ai découvert les merveilleux bienfaits que la méditation peut apporter. Ce fut extrêmement difficile au début ! Ayant toujours mille et un projets en tête, une vie à vivre et mes études universitaires à cette époque, j'avoue que j'ai souvent laissé tomber la méditation pour y revenir quelques jours plus tard. Je voulais réussir, je souhaitais savoir ce que cela apportait et je tenais à profiter des bienfaits de la méditation. J'ai réussi ! Quel bonheur de maintenir le silence dans ma tête pour quelques secondes, voire quelques minutes, et de tout simplement respirer en ne pensant qu'à respirer.

Avec le temps, j'y ai intégré des exercices que j'avais appris au Centre de parapsychologie, dont celui qui consistait à aller puiser de l'énergie très haut dans le cosmos. Je visualisais cette immense spirale lourde et gigantesque qui contenait tout ce dont j'avais besoin en énergie. Après avoir fait mon cocon, je m'assoyais par terre et je m'entourais d'un très haut canal fait de cristal. Je visualisais des spirales qui partaient du dessus de ma tête et qui montaient tout là-haut et en même temps d'autres spirales plus petites, flexibles et lumineuses comme des lasers partant de dessous la plante de mes pieds pour s'ancrer dans le sol traversant sans difficulté roche, pierre et eau. Même en hiver, quand la terre gelait à fendre les pierres et à faire « péter » les clous, l'enracinement se faisait *subito presto* !

Avec ce genre d'exercices et la pratique quotidienne sont venus les messages. Je voyais. Au départ, certaines images s'insinuaient dans ma tête. Des paysages inconnus, des couleurs indescriptibles, tellement elles dégageaient de la luminosité. Puis vinrent des personnages. Les enfants diraient des « monstres » parce qu'ils étaient difficiles à décrire. J'ai d'abord cru que mon imagination me jouait des tours, mais comment imaginer quelque chose sur lequel nous n'avons aucune « référence » ! ? Puis, les images sont revenues. C'est comme si vous regardiez des photos d'inconnus dans un album et que soudainement les personnages s'animaient et fabriquaient une scène devant vous... C'est une explication un peu boiteuse compte tenu du contexte réel. Par contre, c'est ce qui s'apparente le plus à ce qui se passait. Avec le temps, le film s'est raffiné, si je peux le dire ainsi. Au début, je ne voyais pas de défunts, sauf dans des circonstances exceptionnelles.

À cette époque, je n'avais aucun attrait pour tout ce qui touchait la mort. Je n'avais pas peur, au contraire, mais ça me rebutait tout simplement. Avec le temps, j'ai compris que ma sensibilité exacerbée et ma capacité de voir les esprits devaient encore me choquer.

Chapitre 6

Je suis « Wicca[2] »

En 1998, j'ai découvert le monde des sorcières et de la Wicca. Je connaissais l'histoire des sorcières de Salem, pour avoir beaucoup lu sur le sujet. Lors des vacances annuelles de mon mari, nous avons donc décidé d'aller voir ce village d'un peu plus près. Je savais déjà qu'en 1978, le gouverneur de l'État du Massachusetts, Michael Dukakis, avait proclamé Laurie Cabot sorcière officielle de Salem. Si plusieurs se sont offusqués de ce titre qualifié de pompeux, d'autres y ont vu un éclat publicitaire… Et pourtant !

Ma première visite à Salem fut pour le moins perturbante. Ici et là, des plaques commémoratives indiquaient les noms de jeunes femmes torturées, soit au bord du trottoir, au coin d'une rue, aux abords d'un parc, etc. Je vous garantis que des âmes errantes, il y en avait, et pas juste un peu ! Je sentais comme des toiles d'araignées s'accrocher à mes bras, à mes jambes et à mes pieds au point où je passais mon

2. La Wicca est un mouvement religieux … incluant des éléments du chamanisme, du druidisme et des mythologies gréco-romaine, slave, celtique et nordique (Wikipédia).

temps à regarder si je marchais sur quelque chose… Ce n'est qu'après la visite de la maison surnommée « La maison de la sorcière » que j'ai compris. J'avançais difficilement à travers ladite maison. J'étais constamment arrêtée par des obstacles invisibles. En sortant, j'ai pu respirer normalement alors que je cherchais mon souffle depuis que nous y étions entrés. Quand mon mari m'a demandé si j'avais vu des fantômes, j'ai répondu : « En tout cas, eux, ils m'ont vue ! Et ils me l'ont fait savoir. » Nous avons pris de nombreuses photos des lieux et heureusement, car, lors du voyage suivant, une partie du quartier avait été réaménagée.

Des maisons n'étaient plus là, d'autres n'existaient plus, de nouvelles constructions avaient été érigées. Un nouveau complexe faisait office de centre d'information. Quand j'ai posé des questions concernant la disparition de certaines maisons et les changements apportés, on me répondit que ça n'avait jamais existé ! Soit une partie des employés n'ont jamais visité Salem auparavant, soit la honte de ces tortures infligées à d'innocentes victimes a fait en sorte que la ville a décidé de les confiner au musée. Qui peut le dire ?

C'est lors de ma première visite à Salem que j'ai eu le plaisir de rencontrer Laurie Cabot à sa boutique, The Cat, The Crow & The Crown, perchée au second étage d'une très ancienne construction. Laurie Cabot était vêtue d'une longue robe noire et avait la chevelure ébouriffée ; elle représentait vraiment l'image de la sorcière telle que montrée dans les livres de contes.

Laurie Cabot s'affiche. Elle revendique son statut, non pas pour choquer, mais pour s'assumer, pour montrer au monde que la sorcellerie n'a rien de diabolique. La Wicca représente la « religion » des femmes associées à la terre, à la nature, au pouvoir des plantes, des pierres, de l'eau et de l'air.

J'ai alors acheté mon premier livre sur le monde merveilleux des sorcières, *Power of the Witch*, écrit par Laurie Cabot et Tom Cowan et publié en 1989 par la maison Delta aux États-Unis. Une préface a été rédigée par Whitley Strieber. Voici ce qui m'a fait choisir ce livre :

> *« Laurie Cabot a écrit l'histoire fascinante d'une belle religion malheureusement mal comprise, la sorcellerie. Toute sa vie, elle s'est dévouée pour redonner ses lettres de noblesse à cet ancien culte païen. Je suis parmi les chrétiens œcuméniques qui ont découvert la vérité de la sorcellerie, qui n'est ni diabolique, ni mauvaise.* Power Of The Witch *est une merveilleuse introduction au monde magique et hautement vertueux de la Wicca. »* (traduction libre)

Ce livre renferme à peu près tout ce qu'il faut pour comprendre cette ancienne religion païenne qui n'a rien de religieux, mais qui relève de la spiritualité. Il vous suffit d'aller sur Internet et de chercher « Paganisme » et vous aurez votre quota de lecture pour la journée.

Faire partie de la Wicca, c'est avant tout un mode de vie, c'est surtout célébrer la joie, la vie et la liberté d'être ce que nous sommes. C'est nous rapprocher de la nature et de ce qu'elle nous offre sans pour autant devenir « granolas », ce que je ne suis pas, alors là, pas du tout. Je porte du maquillage, j'aime les talons hauts et je bois plus de café que de tisane !

Donc, dans notre maison, il y avait une pièce où j'allais faire mes méditations et j'y avais installé un petit autel tel que présenté dans le livre de Laurie Cabot. J'avais déjà en ma possession de l'encens, des chandelles, des herbes, etc. Je me suis procuré le reste ici, à Québec. Lorsque nous dressons un autel, il faut toujours tenir compte de la polarité, et une chandelle blanche doit être complétée par une chandelle noire, l'eau par le feu représenté par une chandelle, une déesse par un dieu, etc. Ces déités sont la représentation de notre dualité, pas que des dieux lointains et inaccessibles. Nous choisissons qui nous voulons pour représenter cette dualité. Dans mon cas, c'est Isis et Osiris. Je n'ai pas d'explications logiques. Isis s'est présentée à moi tout simplement et ça me convenait. Il y a probablement un lien avec le fait que l'ancienne Égypte, ses pharaons, ses pyramides et sa culture m'ont toujours fascinée.

Après l'Inquisition, les femmes trouvèrent une façon détournée de dresser leur autel. Des cuillères de bois et un balai pouvaient servir de baguettes magiques. On retrouvait du sel sur tous les plans de cuisine ainsi qu'un pot d'eau. Pour le reste, chacune organisait sa cuisine à sa convenance et il était facile de déplacer tous ces objets tout en les gardant à portée de main au cas où un représentant de l'Inquisition, un pasteur ou une supposée amie arrivait à l'improviste. Je le précise, car lors de la chasse aux sorcières, plusieurs femmes furent dénoncées par des voisines et même des parentes.

Donc, je connaissais certains rituels. Je n'en étais pas à mes débuts dans ce genre de choses. Cependant, je n'avais jamais été jusqu'à dresser un autel et à former un cercle magique. Je savais aussi me protéger, ce qui s'avère un élément de la plus haute importance, surtout quand on décide d'inviter chez soi des énergies inconnues. Mes premiers pas vers les rituels de la Wicca ont confirmé ce que je pressentais. J'entrais facilement en communication avec des entités. Par contre, c'était une chose de voir des êtres spirituels, des guides et des « amis » lors de méditation, c'en était une autre de leur ouvrir la porte moi-même. Au début, j'ignorais à qui je m'adressais vraiment. Heureusement, j'ai rapidement compris le mode d'emploi.

Dans l'astral, il existe toutes sortes d'esprits : des bons, des mauvais, des taquins, des idiots, tout comme dans notre réalité. L'ouverture d'un cercle, c'est une porte d'entrée dans notre monde. Il faut donc savoir contrôler notre environnement. Si nous laissons la porte de notre maison ouverte, n'importe qui peut s'inviter et faire du grabuge. Il en est de même pour un cercle magique. Il faut refermer et verrouiller la porte à la fin de la cérémonie.

Il arrive que, pour toutes sortes de raisons, nous soyons moins attentifs et des intrus peuvent se glisser là où il ne faut pas. Je vous en parlerai dans le chapitre intitulé « Des indésirables ».

Cela dit, je suis une « Wicca » solitaire, ce qui veut dire que je ne suis pas liée à un *coven*. Nous devrions sans doute traduire en français par « couvent », mais en ce qui me concerne, je trouve que « couvent » fait un peu trop religieux ou chrétien. Le fait de ne pas être obligée de m'associer à qui que ce soit fut aussi un élément important. Je suis une solitaire et je me sens bien dans mon environnement. La tolérance et le non-jugement sont au cœur de la tradition Wicca, ce qui correspond parfaitement à mon tempérament ainsi qu'à mes convictions profondes.

Les sorcières sont aussi associées aux plantes et souvent considérées comme des « guérisseuses », ce qui me convenait très bien. Avant de m'afficher en tant que Wicca, j'utilisais déjà les plantes, les tisanes et les huiles essentielles dans ma vie quotidienne pour soulager des blessures, soigner des inconforts et assaisonner ma nourriture. Ma formation en réflexologie avec Madeleine Turgeon, professeure émérite en réflexologie, m'a amenée à découvrir le monde merveilleux de l'aromathérapie que j'ai vite intégrée à ma vie. De nos jours, et surtout si nous vivons en ville, c'est plus simple de trouver un concentré de plantes que d'aller cueillir des herbes un soir de pleine lune, là où la pollution n'existe pas ! Nous vivons en 2014, alors profitons de ce que la modernité nous apporte de bien.

L'utilisation des plantes fait partie intégrante de ma vie depuis mon enfance. D'aussi loin que je me rappelle, ma marraine recourait aux plantes médicinales pour se soigner. En Abitibi, elle avait côtoyé les Amérindiens et avait appris l'usage de certaines plantes. Elle consultait régulièrement un très vieux livre, un traité sur les plantes médicinales qui avait appartenu à sa mère. Ce livre était conservé dans un morceau de tissu pour protéger la reliure qui ne tenait plus. Ma tante tournait certaines pages à l'aide d'une pince à épiler tellement le papier était mince et friable. Des pages entières ne tenaient qu'à l'aide de papier collant. Elle m'a inculqué la capacité de regarder autour de moi ce que la nature avait à offrir avant de courir à la pharmacie et de m'empiffrer de produits chimiques. Cela dit, elle ne refusait pas la médication prescrite par son médecin, mais elle cherchait dans les plantes un complément pour que son médicament fonctionne mieux... Je fais la même chose.

Être Wicca ne s'arrête pas à l'utilisation des plantes. Je le répète, c'est surtout un mode de vie. Prétendre être Wicca et ne pas pratiquer les rites, c'est comme dire que l'on est catholique, mais que l'on ne pratique plus depuis des années. Aussi bien se taire !

Des rituels de purification, des rites d'engagement envers soi, envers la vie, envers la nature, voilà en quoi consiste la base de la Wicca. À travers cela, on célèbre les moments importants de l'année. Les Esbats, ces fêtes païennes, se pratiquent lors de la pleine lune pour profiter de l'influence magique de cet astre, tandis que les Sabbats, qui n'ont rien de diabolique, soulignent les moments forts et les grands événements reliés à la nature. La plus connue des fêtes, la fête de Samhain, est célébrée le 31 octobre. Pour la Wicca, c'est l'équivalent du Premier de l'an. C'est le début de la nouvelle année.

Vous remarquerez que cette fête se célèbre au moment où la frontière en notre monde et celui de l'au-delà est la plus mince. Quarante-huit heures plus tard, c'est-à-dire le 2 novembre, les catholiques célèbrent le « Jour des Morts », comme nous le disions autrefois. Quelle coïncidence !

Pour en revenir à Salem, c'est devenu une ville au caractère psychique où, à chacun des coins de rue, des médiums proposent des services de tout ordre. On peut critiquer ce nouveau mode de vie que s'est donné la ville. Néanmoins, il reste qu'un musée dédié aux femmes sur lesquelles les hommes se sont acharnés, au nom de la religion, conserve vivants les souvenirs de nos sœurs afin que personne n'oublie les horreurs de l'Inquisition.

Si l'on prend le temps de regarder les édifices, de s'éloigner un peu de la cohue tapageuse, il est encore possible de ressentir les énergies qui demeurent comme des empreintes indélébiles. J'aime la ville de Salem et c'est pour moi un plaisir de me retrouver dans ses murs en compagnie d'amis qui partagent les mêmes champs d'intérêt.

Pour clore ce chapitre, je vous cite un extrait tiré du livre *La Wicca*, de Scott Cunningham, qui explique bien quel est notre mandat (monsieur Cunningham est un auteur reconnu comme une sommité dans ce domaine, il a écrit une vingtaine de livres sur la Wicca et sur la magie) :

« Rappelez-vous que vous êtes de la Wicca. Vous avez quitté les chemins du doute pour marcher sur la voie de la lumière, qui s'élève d'apparence en apparence, jusqu'au plan suprême de l'existence. Bien que nous soyons des porteurs de vérités, les autres ne souhaitent pas partager notre savoir, aussi célébrons-nous nos rites enveloppés dans l'ombre, sous la pleine lune. Mais nous sommes heureux. »

Effectivement, je suis heureuse et fière d'être Wicca.

Chapitre 7

Des indésirables

Depuis plusieurs années, je vis en parallèle avec des visiteurs autant nocturnes que diurnes. J'avoue que ça m'a pris un peu de temps avant d'être à l'aise avec ces entités. Il fut un temps où elles apparaissaient si brusquement que c'en était parfois traumatisant. Le jour où j'en ai eu assez de ces visites-surprises et surtout quand j'ai appris que je pouvais refuser ces visites (merci, Sylvie Ouellet[3]), ma qualité de vie s'est améliorée. Lors d'une méditation, j'ai demandé à être prévenue AVANT de voir ou de ressentir la présence des fantômes dépendamment du type de communication. Vous verrez plus loin que c'est parfois traumatisant de les voir apparaître ainsi.

Maintenant, effectivement, je ressens la présence de toutes entités, Êtres de Lumière, anges ou fantômes avant de les voir, de les entendre ou de les percevoir, ce qui me prépare mentalement. Ainsi, mon taux vibratoire augmente et me voilà prête à tout. Je dis « à tout » parce que

3. NDE : les ouvrages de Sylvie Ouellet sont disponibles aux Éditions Le Dauphin Blanc.

parfois j'en perds la voix tant la surprise est stupéfiante. La première fois où j'ai vu un Être de Lumière, je suis restée figée sur ma chaise, incapable de bouger en me disant que je devais rêver éveillée. À l'opposé, quand une âme abandonnée (une partie de son corps était rongée par la vermine) est venue me demander de l'aide, j'ai mis un stop et j'ai refusé de la voir. L'entendre me raconter son histoire me suffisait. Ensuite, j'ai exigé de la décence, selon nos critères terrestres. Il y a tout de même des limites. Je ne suis pas amatrice de films d'horreur, loin de là.

Cette leçon m'a servi. Matin et soir, je m'enveloppe de mon cocon pour n'accueillir que des entités positives. Malgré tout, la discipline prend facilement le bord quand tout va bien et c'est alors que s'insinuent des vibrations moins agréables.

Ainsi, nous avions vendu la maison vraiment trop grande pour deux adultes. J'avais tout de même une pièce que nous pouvions transformer en chambre d'amis en cas de besoin. Pour l'heure, j'y avais un divan-lit, mon bureau avec l'ordinateur, mon petit coin-autel et une bibliothèque. J'ignore à quel moment j'ai baissé ma garde et j'ai oublié de me protéger parce que nous habitions pourtant une maison de construction très récente et nous étions les seconds locataires, le jeune homme qui demeurait dans le logement précédemment était parti plus tôt que prévu, ce qui nous convenait parfaitement.

Mon mari désormais à la retraite avait déniché un boulot temporaire. Il partait vers seize heures pour revenir à quatre heures du matin.

Le soir, j'avais pris l'habitude d'apporter mon ordinateur sur la table de la salle à manger. Je pouvais regarder la télévision tout en travaillant. De plus, la vue sur la pinède, d'un côté, et sur une rue assez loin de la maison pour être tranquille était agréable. Deux très grandes fenêtres et une porte-fenêtre permettaient de bien voir qui passait sur notre trottoir quasi privé. C'est important de le préciser, car le dégagement de la vue ne peut pas prêter à confusion.

Je n'aime pas beaucoup me retrouver seule dans le noir. Donc, quand la nuit se fait de plus en plus profonde, j'allume les lumières extérieures et je laisse les stores ouverts. Ainsi, je vois si quelqu'un arrive chez moi. Je ferme aussi les lumières de la pièce et je garde une petite lampe allumée.

Un soir que j'étais moins occupée sur l'ordinateur, je me suis concentrée sur une émission de télévision. Le téléviseur était situé dos à la fenêtre. Je voyais donc très bien à l'extérieur.

Ça m'a pris quelques soirs pour comprendre que quelque chose d'anormal se passait. Je voyais arriver quelqu'un de la droite puis je perdais la personne de vue. Au début, j'ai cru qu'elle avait rebroussé chemin sans que je la voie. J'ai commencé à être plus attentive.

Ce soir-là, quand j'ai vu apparaître l'ombre, j'ai attendu de voir si elle allait passer devant la porte. Je me suis levée pour aller voir qui c'était. Il n'y avait personne, et malgré ma crainte, j'ai suivi ce que je croyais être une personne pour me retrouver au pied des marches du stationnement, seule ! J'ai compris alors que cette ombre ne provenait pas d'un être vivant... prise de peur, je suis revenue chez moi au pas de course (!).

Je dois préciser que des ombres passaient parfois devant chacune des fenêtres, rarement devant la porte-fenêtre, du moins, je ne les voyais pas. Le lendemain, j'en ai parlé avec mon mari, qui m'avoua les voir aussi de temps à autre. Ne sachant pas trop ce que c'était, il n'avait pas voulu m'en parler pour ne pas m'inquiéter !

Le lendemain, après avoir répandu du sel, j'ai fait brûler de la sauge blanche tout le long de la maison jusqu'à l'immeuble voisin. À une voisine qui se montra surprise de la chose, je dis simplement que ça éloignait les couleuvres. Elle rétorqua qu'il n'y en avait pas ici. « Justement, ai-je répondu, c'est la preuve que ça fonctionne ! »

Ce qui se passa par la suite, selon moi, n'a pas de lien avec cette histoire d'ombres ou d'âmes errantes. Enfin, je l'espère...

Je crois qu'une porte mal fermée dans l'au-delà laisse s'infiltrer des esprits maléfiques ou en quête d'âmes à prendre (je reviendrai sur cette affirmation dans la dernière partie du livre).

Les appareils électroniques, autant les téléviseurs que les téléphones et les ordinateurs, consomment et dégagent de l'énergie, tout le monde le sait. Mais, de là à être utilisés par des entités, il y a tout un monde. Du moins, c'est ce que je pensais.

En fait, je n'y croyais pas jusqu'à ce qu'une nuit d'insomnie, ne pouvant pas dormir, j'aille dans mon bureau m'étendre sur le divan. Je cherchais le sommeil. Je faisais des exercices de respiration en espérant que je me détendrais suffisamment pour m'endormir. Peine perdue. J'ai donc changé de position pour me retrouver presque sur le ventre, le dos à la porte. Mon ordinateur se trouvait sur un meuble près de la porte. Soudain, j'ai entendu la musique que fait mon portable quand on l'ouvre, un genre de *ding, dong, ding, dong* étiré. Surprise, je me suis demandé ce qui avait ouvert l'ordinateur. J'ai d'abord regardé mon réveille-matin afin de vérifier s'il y avait eu une brève coupure d'électricité, ce qui aurait pu expliquer la situation. Rien, aucun clignotement. Je me suis retournée lentement vers l'ordinateur m'attendant à voir une lueur sur l'écran. Non seulement il n'y avait pas de lumière, mais le couvercle était fermé ! Sur le moment, j'ai pensé que quelqu'un voulait me transmettre un message. J'ai pris une grande respiration parce que je sentais la peur me gagner. J'ai voulu me lever pour retourner à ma chambre, mais ce fut impossible. Au même moment, j'ai senti une chose lourde et horrible s'abattre sur moi et me couvrir complètement puis des crocs entrer dans ma nuque. Je me disais que ce n'était qu'un cauchemar et, en même temps, je savais que je ne dormais pas. J'ai vu (!) la bête en question, une hydre à trois têtes, noire, fumante et puante, et une voix me disait : « Je suis le chien de l'enfer ! » Là, j'étais terrifiée ! J'essayais vainement de me contrôler, mais chaque tête me mordait à tour de rôle ! J'ai pensé à réciter un mantra. Peine perdue. Je ne me souvenais plus de rien, alors j'ai prié. C'était la seule chose que je pouvais faire. J'ai récité des *Je vous salue, Marie* à la chaîne, en suppliant la Vierge Marie, entre deux Ave, de venir à mon secours et d'amener l'archange Michaël avec elle. Je ne sais pas qui a fait quoi, mais à force de prières, j'ai senti les crocs se détacher de ma nuque, puis cette chose horrible a ondulé tout le long de mon côté gauche en glissant sur ma peau et elle est tombée par terre en suivant mes pieds jusqu'au bout des orteils. Curieusement, c'est ce dernier geste qui m'a marquée. La bête m'a quittée en suivant tous les contours de mon être jusqu'aux orteils, je le répète.

Une fois que tout fut terminé, je suis restée dans le noir en continuant de prier. Je ne suis pas retournée vers mon ordinateur et je ne me suis pas sauvée en hurlant, trop occupée à prier. Quand j'ai senti les forces revenir dans mes jambes, je me suis levée, j'ai jeté un œil à mon ordinateur, j'ai fermé la porte puis j'ai réintégré mon lit. Le ronflement de mon mari avait quelque chose de rassurant. Je nous ai entourés de lumière, ainsi que la chambre. J'ai fermé les yeux et j'ai continué à prier. Au petit matin, quand je me suis levée, j'ai ouvert la porte du bureau ainsi que la fenêtre et j'ai fait brûler de l'encens. Plus tard, je suis retournée examiner la pièce. J'ai fait brûler de la sauge, cette fois, et j'ai jeté du sel un peu partout. Plus tard, j'ai refait un rituel d'ouverture et de fermeture de la porte sans doute mal fermée (porte vers l'astral). J'étais contente que ce soit vendredi parce que, ce soir-là, mon mari ne travaillait pas. Moi qui croyais en avoir terminé !

Le soir venu, je me suis promis qu'insomnie ou pas, je resterais couchée dans ma chambre. C'est ennuyant d'entendre ronfler, mais ce soir-là, je trouvais que ça me permettait de rester bien ancrée. Vers trois heures du matin, la petite « mosus » de musique de mon ordinateur s'est refait entendre, venant de mon bureau (!). Le choc, je ne vous dis pas ! J'ai levé la tête et j'ai murmuré pour ne pas réveiller mon mari : « Si tu penses que je vais me lever, va au diable ! » Puis, je me suis réinstallée en priant pour que je n'aie pas besoin d'aller à la toilette avant le lever du jour !

Le lendemain matin, j'ai sorti l'ordinateur du bureau et je l'ai enfumé avec de la sauge blanche. J'ai refait le nettoyage de la pièce, y compris de tout ce qui était branché ou à piles, les livres, les images, les bibelots, tout, sans exception, y a passé. Par la suite, j'ai nettoyé la maison et le bureau trois fois la première semaine, deux fois par semaine durant un mois, puis chaque semaine par la suite. Plus souvent, quand je sentais que c'était nécessaire. Cela dit, je vous suggère de faire ce nettoyage de temps à autre, ça ne peut que faire du bien. Maintenant, il existe de la sauge liquide très pratique. Une petite vaporisation de temps en temps et vous êtes pratiquement en sécurité.

J'ai eu très peur. Immensément peur ! J'ai réussi à me contrôler, car je sais que la peur se nourrit de la peur et il ne faut pas lui laisser d'emprise. Durant les semaines qui ont suivi cette attaque psychique, j'ai gardé la porte du bureau fermée le soir venu. Heureusement, tout est rentré dans l'ordre grâce à mes anges, à mes guides protecteurs ainsi qu'à la méditation que j'ai pratiquée régulièrement dans cette pièce. J'y suis retournée dormir certaines nuits. Je n'allais pas laisser cette horrible bête prendre le contrôle sur ma vie. Je suis peureuse, mais croyante. Je crois aux forces positives qui nous entourent. Je suis persuadée que les anges existent de même que les Êtres de Lumière. Je sais que si l'on garde la foi, tout est possible. Toute ma vie, j'ai cru en quelque chose de plus grand que nous. J'ai mis quarante ans à arriver là où je suis, à comprendre que le Bien existe de même que le Mal. Que la Lumière chasse l'Ombre. Que des guides nous protègent, le moment venu.

Je tiens à préciser que ce n'était pas la première fois que je faisais de mauvaises rencontres. Rien d'aussi dramatique, heureusement, et dans un contexte particulier. Voilà plusieurs années, j'ai eu des problèmes de santé. Avant de prendre la décision de m'opérer et de m'enlever l'utérus, les médecins tentaient différentes avenues. Peine perdue, j'étais en hémorragie constante. Il m'est arrivé alors de voir des entités négatives, agressives, bruyantes et surtout menaçantes. Maintenant, je comprends que je devais ramener ces âmes errantes de l'hôpital quand j'y allais pour des transfusions sanguines. Je ne parvenais pas à contrôler la puissance de mon cocon. J'ai tout de même eu de la chance, mon ange gardien a veillé sur moi.

Pour en finir avec cette attaque psychique du « chien de l'enfer », je me suis aussi demandé si cela n'avait pas été un genre de mise à l'épreuve, un test pour vérifier la force de ma foi dans cet autre monde qui nous entoure… C'est que six semaines après cette attaque, j'ai vu de mes yeux pour la première fois un Être de Lumière, dans ma salle à manger, tout contre le mur de mon bureau. Allait suivre, six mois plus tard, ma rencontre avec Zorahm, un guide aux messages particuliers.

Avant de recevoir des messages d'âmes en quête de pardon et d'amour, j'ai eu à apprendre à pardonner, à laisser le passé derrière moi, à m'accepter comme je suis et surtout à me pardonner, ce qui s'avère beaucoup plus difficile que de pardonner aux autres. On nous dit que tout part du cœur. Quand rien ne va, le cœur nous serre. Dans les grands moments de bonheur, notre cœur est en liesse. « On ne voit bien qu'avec le cœur », comme le dit le Petit Prince. Par contre, notre tête parle souvent avant notre cœur. Notre ego prend le dessus facilement, nous sommes des êtres humains conditionnés par la société dans laquelle nous vivons. C'est ainsi.

Choisir de voir avec le cœur demande de laisser l'ego de côté et d'accepter l'imperfection de l'être que nous sommes. Choisir de voir avec le cœur, c'est aussi accepter de révéler notre propre vulnérabilité.

Chapitre 8

Une sœur venue du passé

J'ai raconté les liens qui m'unissent à ma sœur, et le fait de ne pas avoir été élevées ensemble nous a sans doute rapprochées plus que la normale.

En juillet 2011, ma petite sœur (de deux ans ma cadette) est venue passer quelques jours chez nous. Elle était arrivée le jeudi après-midi et le vendredi nous étions toutes les deux seules à la maison. Ce matin-là, nous nous étions levées assez tôt pour profiter au maximum de la présence l'une de l'autre. Nous venions de terminer le petit-déjeuner et nous discutions à bâtons rompus. Puis, ma sœur m'interrogea sur la raison pour laquelle une amie que nous avions vue la veille bénissait ses repas. Je lui ai répondu que c'était probablement pour augmenter leur taux vibratoire. Anita me demanda alors ce qu'était un taux vibratoire, à quoi ça servait. Alors que je commençais à le lui expliquer, voilà que mon propre taux vibratoire s'éleva brusquement, et ce, beaucoup plus qu'à l'accoutumée ! Je lui dis que nous allions avoir de la « visite ». Je m'attendais à recevoir un message ou à percevoir une énergie qui désirait se manifester. Ma sœur me demanda de quel genre de visite il s'agissait. Avant que j'aie le temps de lui répondre et, à ma grande consternation, j'ai vu une femme se matérialiser sur ma droite. Alors là, une vraie matérialisation ! Exactement comme dans un épisode de *Star Trek* quand ils se téléportent ! Des boules d'énergie sont apparues puis la forme s'est matérialisée… Mon cœur a raté quelques battements. J'ai pris quelques secondes avant de réaliser que ma sœur ne la voyait pas.

Une femme, plutôt petite, d'environ 1,5 mètre au maximum, se trouvait là, à quelques pas de nous. Une Indienne de l'Inde, d'après ses traits, avec de longs cheveux noirs séparés au centre par une raie et, entre ses grands yeux de biche, un point rouge sur l'ajna chakra, me salue, les mains jointes au niveau de la tête. Elle semblait vêtue de diamants ! Au début, son sari semblait brodé de milliers de diamants blancs. Petit à petit, j'ai vu la couleur des pierres devenir d'un vert très pâle. La dame s'est mise à parler. Je précise que ma sœur n'a rien vu ni entendu de la conversation.

Le message très personnel s'adressait à ma sœur, donc je n'en ferai pas état.

Je ne saurais dire combien de temps cela a duré. D'une part, nous n'avons jamais pensé regarder l'heure, d'autre part, la surprise fut telle que nous étions sous le choc. Je dis « nous » parce que ma sœur, même si elle ne voyait pas l'apparition de ses propres yeux, entendait tout de même le message puisque je lui répétais la conversation et qu'en même temps, j'essayais de décrire ce que je voyais !

Par la suite, ma sœur m'a raconté que j'avais les yeux de quelqu'un qui voit quelque chose d'absolument incroyable ! Donc je transmettais vocalement le message, ahurie autant par le son que par le fait que j'étais la seule à voir cette femme. J'ai finalement suffisamment repris mes esprits pour demander à l'apparition qui elle était.

Elle était notre sœur dans une très lointaine vie passée. Nous étions quatre filles et nous avions aussi des frères… Elle ne nous en a pas parlé et je n'ai pas pensé à poser des questions (je suis toujours en état de choc). Nous vivions dans une famille aisée, dans une ville située non loin de Bombay, et nous allions chaque semaine porter de la nourriture et des vêtements dans un quartier très pauvre. Un jour, nous avons été attaquées et ma sœur (celle assise à mes côtés) a été battue à mort. Petite précision, ma sœur a toujours fait des migraines et c'est justement du côté où elle fut frappée à mort ! Coïncidence ? Qui sait…

J'aurais aimé poser d'autres questions. Malheureusement, « notre sœur spirituelle » est repartie aussi rapidement qu'elle est arrivée. J'ai vu ses vêtements en diamants vert tendre redevenir d'un blanc translucide, puis elle s'est dématérialisée… Je me répète, mais je n'ai pu faire autrement que de penser encore une fois à la téléportation, à des émissions de *Star Trek* ! Je ne sais pas si un jour je parviendrai à ne plus m'étonner de cette apparition. Je tiens à préciser qu'à l'intérieur du message transmis, il y avait suffisamment d'informations pour que ce soit réaliste, et un prénom a été prononcé, un prénom qui n'a rien de banal pour nous. Roberta n'est pas un nom commun dans notre cercle familial, ni parmi nos amis. Pourtant ma sœur « terrestre » s'est souvenue avoir connu une Roberta à l'époque où elle faisait partie des Forces armées canadiennes.

Ma petite sœur, en larmes, s'est levée de sa chaise pour aller se moucher. J'ai refait du café et nous en avons reparlé durant des heures. Vous pouvez imaginer qu'il y avait beaucoup de pourquoi dans cette conversation. Ma sœur a conclu que je devais avoir aussi besoin d'un témoin crédible pour m'assurer que je voyais réellement avec mes yeux des êtres extraordinaires. Nous savions toutes deux que je pouvais compter sur elle pour me dire la vérité. Quatre mois plus tard, celui que je nomme le « messager » se présentait à moi pratiquement de la même manière.

Le mot de la fin de cette histoire a été prononcé par ma sœur : « Tout ça, alors que nous sommes encore en jaquette ! » Et moi, je constatais que je n'avais ni encens ni chandelles d'allumés. Il faut croire que le bonheur d'être ensemble et le sujet de notre conversation ont fait monter notre taux vibratoire à toutes les deux. Possible aussi que ce message avait besoin d'être livré rapidement et appuyé par la personne en qui j'ai toujours eu une immense confiance. Je t'aime, ma sœur. Merci d'être là !

Chapitre 9

Difficile, le pardon

Pardonner ne veut pas dire oublier, cela veut dire regarder la situation d'un angle différent en laissant notre ego de côté pour un instant.

Nous pouvons vouloir pardonner, oui, mais de quelle manière ? Cela semble souvent hors de notre portée ou hors de notre volonté. Pardonner s'avère difficile, car cela est directement relié à notre ego.

Les gens de ma génération se sont souvent fait dire que pardonner, c'est oublier. Non ! Absolument pas ! Pardonner ne veut pas dire oublier, au contraire. Il faut « se rappeler » pour ne pas se retrouver dans la même situation. Pour ne pas redevenir une victime. Pour ne plus se soumettre à un quiconque. Pour éviter les pièges des manipulateurs.

Comment pourrait-on pardonner le mal, les blessures physiques et morales, les peines, les larmes, la douleur, le mépris, les jugements ? Cela nous semble au-dessus de nos forces. Pourtant, nombre d'entre nous y parviendront un jour ou l'autre.

Autrefois, quand la religion régissait nos vies, il arrivait un moment dans l'année où tout un chacun mettait de côté orgueil et préjugés pour tendre la main à son voisin afin de commencer la nouvelle année le cœur plus léger. Le soir de Noël, après la messe de minuit ou au matin du jour de l'An, nous tendions la main à celui qui nous avait causé du tort tout au long de l'année. Nous effacions souvent les dettes accumulées par un malchanceux ou nous accueillions chez nous notre pire ennemi, histoire de faire la paix.

La prière du *Notre Père*, « pardonnez-nous nos offenses comme nous pardonnons aussi à ceux qui nous ont offensés », prenait alors tout son sens.

Il y avait bien quelques irréductibles, certains orgueilleux entêtés, qui ne pardonnaient que rarement, pour ne pas dire jamais. Ces gens étaient alors réputés pour avoir le cœur dur comme une pierre.

La frustration, la morosité, les déceptions de tout genre sont le lot de bon nombre d'êtres humains. Plusieurs maintiennent leur position et attendent que les autres fassent les premiers pas. Par exemple, l'orgueilleux peut s'enfermer dans la lourdeur des chagrins qu'il engendre. D'ailleurs, il est de plus en plus courant de voir mourir des gens emmurés dans leur silence. Plus tard, les non-dits de ceux qui restent se meuvent en culpabilité et les détruisent de l'intérieur ou se transforment en maladie incurable ou dégénérative.

Dans cette chaîne d'ego et de refus, de silences et de non-dits, il n'est pas surprenant qu'il y ait si peu de place pour pardonner à ceux qui nous ont quittés en état de disgrâce.

Oublier est devenu le mot d'ordre. À la suite d'une rupture, nous entendons : « Oublie-le, ce salaud ! » ou « Oublie-la, elle ne te méritait pas ! Plus vite tu l'oublieras, mieux tu t'en porteras ! », etc. Plusieurs d'entre nous ont assisté à de mémorables chicanes de famille où un parent en colère hurlait à son enfant de quitter la maison sur-le-champ pour ne plus y revenir. Allant même jusqu'à déclarer que cet ingrat n'était plus son fils ou sa fille.

Plus personne n'a droit à l'erreur. Pire, on ne veut même pas entendre les motifs justes ou non qui ont mené à un acte, quel qu'il soit. Accusés, jugés, condamnés et sans possibilité de se défendre, les cœurs se referment de plus en plus. Dans un tel système de pensée, il n'est pas surprenant que les mots *amour*, *pardon*, *compassion* fassent reculer les gens.

Quand le cœur trop lourd n'en peut plus de souffrir, quand l'âme crie son besoin d'amour, vient le temps du pardon.

Chapitre 10

La rencontre qui m'a appris le bonheur de pardonner

Je me suis penchée sur la notion de pardon il y a de cela plusieurs années. Comme un grand nombre de personnes, j'ai aussi vécu des moments extrêmement difficiles, et ce, dès mon plus jeune âge. Je m'étais juré de ne jamais oublier et je me croyais incapable de pardonner. Heureusement, l'Univers a mis sur ma route des personnes évoluées spirituellement et d'une richesse telle que j'ai non seulement appris à pardonner, mais j'ai aussi fait la paix avec mon enfance et ma propre vie.

Voici un bref retour en arrière... J'ai été donnée trois fois avant d'avoir dix-huit mois. Pour être finalement élevée par ma marraine, la sœur de mon père ; j'ai été amenée à cette tante qui ne pouvait pas mettre des enfants au monde et qui n'en voulait pas non plus. Toute ma vie, elle me l'a répété et me l'a fait sentir. Inutile d'aller dans tous les détails. Pour moi, pardonner, c'est aussi ne pas exposer inutilement tous les faits reliés à mon passé. La compréhension du karma m'a fait accepter et comprendre certaines expériences de ma vie dans cette vibration terrestre.

Cette expérience que je vous raconte a commencé il y a plus de quinze ans. Le temps avait amenuisé les événements, adoucit les contours douloureux et j'avais vite pardonné ce qui me semblait maintenant que des broutilles. J'en étais aux cas plus lourds, c'est-à-dire ceux qui m'avaient blessée plus profondément, ceux à qui je ne trouvais aucune excuse !

Enfant, je ne comprenais pas. Adolescente, je ne voulais pas comprendre. Une fois adulte, je me disais qu'il était trop tard pour pardonner. Rien ne pourrait effacer ni changer ce qui fut fait. Le passé se trouvait derrière moi. J'avançais en essayant d'être une meilleure personne. Pourtant, je n'étais pas bien dans cette vie d'adulte à regarder derrière mon passé douloureux. Je souhaitais me libérer en pardonnant.

Pardonner me semblait assez simple, surtout quand la personne était décédée ! Je m'adressais à elle en lui disant qu'elle pouvait continuer sa route dans l'au-delà, que je lui avais pardonné, etc. Quand je réfléchissais et que ça demeurait au niveau de ma tête, ça allait. Par contre, dans mon cœur, c'était une tout autre affaire. Des moments que je préférais oublier remontaient invariablement à la surface et la douleur m'envahissait à nouveau et m'empêchait d'avancer vers mes objectifs. J'avais l'impression de me retrouver enfermée dans une tour sans portes ni fenêtres, happée par un passé douloureux que je tentais inutilement d'oublier. Je détestais ces moments qui ramenaient de l'ombre dans ma vie et qui éteignaient ma joie de vivre.

Un jour de désespoir très profond, j'appelais à l'aide mon ange gardien, mes guides et Dieu lui-même pour qu'ils m'aident à garder la tête hors de l'eau et surtout pour qu'ils m'enseignent ce que je ne parvenais pas à comprendre par mes propres moyens. Une première réponse arriva aussi vite qu'un éclair : « Pardonne maintenant et pour de bon ! »

J'avais pardonné ! J'avais oublié ! J'avais fermé des portes ! J'avais... J'avais... J'avais... Et voilà ! Je parlais au passé et j'oubliais que je vivais dans le présent.

Vivre le présent. J'étais d'accord avec le principe, mais comment cela allait-il m'aider dans mon cheminement du pardon, du passé ?

Je méditais assez régulièrement. J'avais intégré la méditation à ma vie, voilà fort longtemps, grâce à une amie qui m'en avait enseigné les rudiments ainsi que les bienfaits. Puis, comme cela est arrivé à plusieurs d'entre nous, des « visiteurs » inattendus se sont présentés sans que je sache trop que faire de ces rencontres, du moins, au début.

Toujours préoccupée par ce besoin impérieux de pardonner et, à l'époque, ne sachant trop comment faire pour que cela irradie de mon cœur, j'avais intensifié la fréquence de mes méditations.

Un jour, vers la fin d'une méditation, « on » me dit : « Et si tu allais rencontrer la personne, tu pourrais lui poser toutes les questions qui te tourmentent et voir comment ton cœur réagira. » Je répondis que malheureusement cette dame était décédée depuis quelques années. « Et alors ? répondit la voix, elle est encore plus accessible ! »

Nous étions en décembre et la date de l'anniversaire de ma marraine approchait. J'avais lu qu'à certains moments de l'année, dont l'anniversaire de naissance ou du décès d'une personne, cela s'avérait plus aisé pour une communication spirite. Cependant, je n'avais jamais moi-même convoqué ou invité une personne décédée. Si je savais comment me faire un cocon bien solide pour éviter les mauvaises rencontres lors de voyages hors corps, je n'avais aucune méthode de communication déterminée. Je me dis que ça ne pouvait pas être bien sorcier. Au pire, je mettrais fin à ladite conversation, si conversation il y avait, voilà tout.

Plus le grand jour approchait, plus je me sentais calme. J'avais préparé chandelles et encens puis déterminé l'heure à laquelle je l'inviterais. Sur un bout de papier étaient notés son nom de fille, celui de son père, le prénom et le nom de fille de sa mère ainsi que le nom de son défunt mari, sa date de naissance, la date de sa mort et le lieu de sa sépulture. Je m'assurais ainsi de rencontrer la bonne défunte. Je me disais que mieux valait avoir plus de détails que pas assez. Cela peut sembler exagéré, mais c'était tout de même une première rencontre provoquée et je n'avais pas envie de me retrouver en face de toutes les Claire Michaud ayant existé depuis la nuit des temps !

Nous habitions dans un nouveau quartier. Il y avait encore peu de maisons. De la fenêtre du salon, je voyais de magnifiques arbres, surtout des sapins enneigés et un firmament sans fin. J'attendais que minuit ait carillonné à la vieille horloge annonçant l'arrivée du 30 décembre pour intervenir. Cette histoire d'horloge fait « cliché » ou quasiment histoire d'horreur, mais je n'y peux rien. Nous avions réellement une ancienne horloge qui sonnait les heures et les demi-heures !

Je n'avais aucune attente. Je n'étais même pas certaine que cela fonctionnerait pour moi. Cependant, j'avais la foi.

Dans ce secteur, au milieu de la nuit, nulle voiture ne circulait. Je me suis assise dans la fenêtre en forme de baie. La nuit était claire, les étoiles scintillaient et je me sentais enfin prête pour cette rencontre. J'ai appelé doucement ma tante à voix basse. Elle s'est retrouvée à mes côtés en moins de trente secondes ! Elle portait des vêtements d'été jaune pâle que je ne connaissais pas. Ses cheveux avaient retrouvé leur noir corbeau et elle était assise au bord d'un quai, les pieds pendants ! Elle fumait pour chasser les moustiques (!). Nous avons discuté. Elle a répondu à toutes mes questions, même aux plus difficiles. Dans ses yeux, je voyais le regret et la sincérité de ses propos. Elle m'expliquait sans pourtant chercher d'excuses. Je m'excusais à mon tour de ne pas avoir compris... Cette nuit-là, je lui ai pardonné de tout mon cœur et je lui ai offert mon amour pour l'aider à poursuivre sa route.

J'ai regardé à nouveau le firmament. Le ciel se couvrait et il ne restait qu'une étoile. Je savais intérieurement que lorsque les nuages auraient caché cette dernière, ma tante aurait disparu. J'ai utilisé les quelques minutes qui restaient pour lui demander un signe afin d'être certaine que ce n'était pas le fruit de mon imagination. Elle m'a dit : « Pense à Rébecca. » Rébecca ! ? Personne dans ma famille ne se nomme ainsi. Qui plus est, ce n'était pas encore un prénom à la mode, loin de là...

J'ai regardé l'heure, croyant que cette rencontre avait duré une dizaine de minutes. Cela avait duré une heure trente...

Le lendemain, ma visite allait arriver pour fêter le jour de l'An et nous avions à faire des courses de dernière minute. Je m'attendais à être servie par une caissière portant ce prénom ou alors à le voir imprimé sur une quelconque affiche... Mais rien ne se produisit.

Le soir venu, je racontai cette histoire à ma famille. Tout le monde était en émoi et le fameux prénom laissait tout le monde pantois.

Juste avant le souper, mon mari entreprit de lire une histoire à mon premier petit-fils. Il enleva l'emballage en plastique qui recouvrait le livre neuf acheté dans la journée, puis il me dit : « Marie, écoute la dédicace... "À ma petite-fille Rébecca" ! »

Nous sommes plusieurs à avoir eu les larmes aux yeux. Je n'avais rien imaginé ! Comme j'écris depuis toujours, ma tante avait choisi un livre pour me confirmer notre rencontre.

Pardonner à ceux qui m'ont donné la vie

Dans les deux dernières années, j'ai compris qu'il me faudrait aussi pardonner à mes parents biologiques. J'avais entrepris cette démarche un peu à contrecœur, je dois l'avouer ; je la savais essentielle, mais c'était comme aller chez le dentiste : un mal nécessaire.

J'ai toujours su la date d'anniversaire de ma mère biologique: elle était née en décembre. Chaque année, j'avais une pensée à son égard, mais sans plus. Par contre, sa présence se faisait sentir de plus en plus depuis les trois dernières années. Je refusais d'y prêter attention jusqu'au jour où, quelques semaines avant son anniversaire, ma mère vint me voir en rêve et j'assistai alors à une bizarre de cérémonie funèbre. À la place du cercueil, c'était une couchette d'enfant que les entrepreneurs de pompes funèbres apportaient. Dans la couchette, je me voyais bébé et je regardais la scène alors que maman était en pleurs. Elle devait être soutenue pour ne pas s'effondrer de chagrin. J'ai pris conscience de son visage tuméfié et des ecchymoses partout sur son corps. Ses sanglots étouffés et son regard d'animal blessé ne m'ont jamais quittée depuis cette nuit-là. Je me souviens de chaque détail de la pièce. Surtout, j'ai vu mon père qui se dissimulait derrière une porte et qui regardait la scène de loin. Quand j'ai levé les yeux vers lui, il s'est reculé, puis on m'a emmenée à l'extérieur. Une fois la porte franchie, je me suis réveillée.

Ma mère a probablement été contrainte de me laisser partir, et cette nuit-là, elle est venue me raconter la douleur éprouvée à ce moment-là. Le 10 décembre 2012, je l'ai jointe pour lui dire que je comprenais la situation d'alors et, pour la première fois en plus de soixante ans, j'ai pu dire: «Je t'aime, maman, je n'ai pas à te pardonner, tu n'y pouvais rien.» Je l'ai ensuite accompagnée au portail et je lui ai dit qu'elle pouvait franchir la porte en paix, que je ne lui en voulais plus.

La mise à l'épreuve

Pardonner à mon père fut une épreuve à laquelle je devais faire face, mais que je remettais sans arrêt. Par contre, je devais être conséquente avec ce que je prônais, c'est-à-dire pardonner aux âmes repentantes.

Mon père avait été un homme violent, agressif, indifférent, hypocrite. Ce ne sont pas des épithètes lancées à la légère, cela est de notoriété publique. Ancien lutteur, il était devenu boxeur dans la marine, ensuite truand dans le Québec des années folles. La légende veut qu'il ait tué un homme dans un combat de rue et c'est pour fuir la justice qu'il se serait enrôlé dans l'armée et aurait été envoyé en Corée. Au retour de la guerre, il s'est installé en Abitibi pour travailler dans les mines d'or.

Papa n'avait aucun scrupule à battre une femme et ma mère a subi ses violences toute sa vie. Ma marraine en parlait souvent et, horreur, elle déclarait que ce devait être la faute de ma mère ! Même enfant, ça me mettait dans un état tel que j'en avais pour des jours à pleurer.

Il y aurait encore beaucoup à dire sur mon père. Comme je lui ai pardonné, je me dois de taire les autres ignominies.

Mon père est mort en mai 1971. Il s'est jeté en bas d'un pont, dans la rivière Rouge, au Manitoba. Il venait d'avoir 57 ans. Je ne lui en ai jamais voulu de s'être suicidé. Je me suis rendue à Winnipeg pour assister à ses funérailles.

L'an dernier, alors que je m'étais isolée pour écrire, justement sur le sujet des âmes que l'on préfère oublier, mon père est revenu. Après de nombreux mois de réflexions et de prières, j'étais prête à lui pardonner et à lui offrir cet amour dont il avait besoin afin de poursuivre sa route dans l'autre monde.

Quand les gens me disent : « Il y a des choses impossibles à pardonner... », je les comprends tellement. Je ne peux que leur dire que pardonner m'a apporté la sérénité, la paix et un sentiment de légèreté que je ne connaissais pas, comme si mes poumons avaient doublé de grandeur !

Chapitre 11

Un homme de cœur

Je termine cette partie du livre sur ma biographie avec amour, compassion et tendresse pour un homme qui a beaucoup compté tout au long de ma vie : mon oncle Philias, appelé communément Bi.

Vous remarquerez que j'ai à peine parlé de mon parrain, celui qui me servit de père. C'est simplement que je n'ai rien eu à lui pardonner. Il m'a toujours traitée comme si j'étais sa fille, il m'a toujours présentée ainsi. Nous n'avions aucun lien de parenté. Pourtant, il a été plus près de moi que n'importe qui d'autre. Ma marraine m'a toujours interdit de l'appeler « papa », mais, pour moi, il était mon père et, pour mes enfants, même s'ils l'appelaient « mon oncle », il était leur grand-père. Mon parrain a vécu ses dernières années avec nous. Mes deux premiers enfants ont eu la chance de le connaître. J'étais enceinte du dernier quand mon parrain est décédé. Le jour où il a quitté la maison pour se rendre à l'hôpital a été un moment éprouvant. Nous devinions l'un et l'autre qu'il ne reviendrait jamais.

Cet homme alcoolique et malheureux a vécu des moments difficiles et sa vie s'est terminée dans la douleur à la suite d'un cancer des poumons voilà quarante ans. À l'hôpital, les médecins ont dû le sevrer d'alcool avant de pouvoir le soigner, tout en sachant que ses jours étaient déjà comptés.

Mon parrain avait perdu sa mère alors qu'il venait d'avoir cinq ans. Il fut donc élevé par sa grand-mère maternelle, puis confié à son père un peu plus tard. Il me plaît de croire qu'il ressentait mon désarroi d'enfant bousculée dans ses racines et coupée de tous les liens affectifs si précieux.

Son passage dans cette autre vie, dont on parle tant, s'est avéré difficile. Cinq mois après son décès, mon fils qui souhaitait savoir si son parrain et grand-père (mon parrain fut aussi le parrain de mon premier fils) profitait d'une vie agréable dans l'au-delà fut tout aussi surpris que nous de l'entendre répondre non à la question. Nous avons donc prié régulièrement tous les deux afin d'aider notre parrain à évoluer vers des cieux plus cléments.

Chapitre 12

Une autre étape

Ce sont les événements reliés à mon enfance qui m'ont menée vers les âmes en quête de pardon. Je ne vous ai livré qu'une parcelle de tout ce que j'ai vécu afin de vous amener à comprendre que ce n'est pas d'hier que je ressens les choses, que je vois certaines situations et que je communique, parfois malgré moi, avec des êtres décédés ou des êtres venus d'ailleurs. Je ne fais pas de canalisation pour les autres. Il m'arrive de recevoir des messages pour autrui, mais ce n'est jamais provoqué. Heureusement, ce sont souvent des messages d'aide pour des gens de mon entourage qui ont à vivre des périodes parfois difficiles.

Les prochains récits ont bouleversé ma vie à tout jamais. Ils sont à la fois totalement différents et pourtant intimement liés, bien qu'ils se soient passés sur un intervalle de douze ans. Ils m'ont amenée à comprendre ma mission de vie dans cette présente incarnation.

Rien dans ma vie ne laissait présager qu'un jour je me mettrais au service d'âmes abandonnées par tous. Rien non plus ne laissait entrevoir que je ferais du pardon non seulement une quête personnelle, mais le but ultime de ma mission de vie.

Chapitre 13

La roue des âmes

Une nuit de février 2003 marqua ma vie à jamais et, surtout, elle allait en changer le cours et me faire partir à la conquête de mon âme et des âmes des autres humains de la terre.

À ce moment-là, j'ignorais que j'avais eu l'immense bonheur d'être allée à la Source.

Février, encore une fois, apportait son lot de froidure et de tempêtes de neige. Heureusement, la fin de semaine s'avérait plus clémente pour une fois. Aussi, un vendredi soir, mon mari décida d'en profiter pour aller rendre visite à sa mère et à son frère en Montérégie. Trois heures et demie plus tard, nous étions arrivés à bon port sans incident, malgré les routes glacées et la densité de la circulation dans le secteur de Montréal.

Accablée d'une bronchite qui s'étirait, j'étais un peu réticente devant cette escapade familiale. J'ai pensé demeurer à la maison, mais mon mari m'a convaincue d'y aller malgré tout. La santé de belle-maman nous inquiétait. Elle avait maintenant plus de quatre-vingt-dix ans. Nous craignions donc toujours qu'elle s'en aille sans que nous ayons la chance de lui dire un dernier au revoir.

Il devait être vingt-trois heures trente lorsque tout le monde pensa à aller dormir. J'avais demandé à m'installer dans le salon dans un fauteuil inclinable. En fait, c'était la seule manière pour moi de ne pas passer la nuit à tousser.

C'était la première fois que je demeurais seule au rez-de-chaussée de cette maison. Seule… enfin, sans considérer la présence de deux gros chiens qui ronflaient dans la cuisine ! La vieille maison s'avérait fort confortable, y compris l'immense salon réchauffé entre autres par un foyer au gaz à l'autre extrémité de la pièce. Avant de m'installer pour la nuit, je pris le temps de déplacer légèrement le fauteuil vers la grande fenêtre sans rideau. Après avoir éteint les lumières, l'immensité du ciel étoilé me combla d'émotions.

J'ai toujours eu cette sensation inexplicable de félicité en regardant le firmament la nuit venue. Même enfant, je me levais en pleine nuit pour regarder le ciel étoilé ! Ma mère me trouvait souvent endormie au pied de la fenêtre, jusqu'au jour où elle décida de placer mon lit de manière à ce que je puisse voir les étoiles.

Donc, en ce février si froid, le ciel s'avérait d'une pureté et d'une noirceur telles que je pouvais voir les étoiles malgré ma myopie. En fait, je les percevais à travers un léger brouillard que tous les myopes comprendront ! En admirant cette toile superbe, je me suis demandé si un jour nous allions avoir la preuve de l'existence d'une vie venue d'un autre monde, un monde au-delà des étoiles, un monde auquel je croyais fermement.

Je me suis réveillée à quelques reprises, dérangée par la toux. Chaque fois, je sentais une présence bienveillante à l'autre bout de la pièce. J'ai toujours eu l'impression qu'il y avait un fantôme ou une quelconque entité dans cette maison, et ce, dès le moment où j'y ai mis les pieds. J'en avais discuté avec mon mari. Mais comme son frère et sa conjointe se montraient sceptiques quant à tout ce qui touche le domaine ésotérique, nous avions gardé cela pour nous. Ce n'était pas la première fois que je ressentais cette présence si forte dans le salon, mais c'était la première fois que j'y étais seule de nuit ! J'eus bien un moment d'hésitation, je l'avoue. Puis, je me dis que cette énergie si positive ne pouvait que me faire du bien. Avant de me rendormir, je lui demandai de veiller sur mon sommeil. J'ignore combien de temps j'ai dormi avant que la chose se produise. En fait, je me croyais à l'aube.

Emmitouflée dans ma couverture, j'ai cru entendre des voix venant de la cuisine. Ces voix me parvenaient à travers un coton ouateux les rendant à peine audibles. Je ne percevais que quelques bribes. Mon beau-frère avait sans doute préparé du café et il avertit mon mari que ce serait bientôt prêt... Je me dis qu'ils s'étaient sans doute levés tôt pour aller nourrir les chevaux. J'ai aussi entendu mon mari dire qu'il allait m'apporter une couverture supplémentaire, car il faisait très froid ce matin-là. Effectivement, j'avais un peu froid. C'est alors que j'entendis mon mari descendre les deux marches du salon et venir vers moi. Il portait cette couverture qui devait aussi glisser par terre, car je distinguais très bien le bruissement du tissu sur le plancher. Je sentis la couverture se déposer sur mes pieds puis remonter jusqu'à mes épaules. Je m'enfonçais légèrement dans mon fauteuil, heureuse de ce surplus de chaleur. Avant de repartir, ce que je croyais être mon mari déposa un baiser très léger sur ma tempe droite. J'allais descendre dans un sommeil profond quand j'entendis à nouveau ces voix, les mêmes, ainsi que le même dialogue que précédemment suivi encore une fois des pas de mon mari qui descendait les marches et du bruissement de la couverture... Quand je sentis à nouveau la couverture sur mes pieds et le baiser sur ma tempe droite, je compris que ça n'allait pas. Une fois, oui, mais deux, non ! Je savais que cela était impossible. J'entrouvris les yeux. Tout était noir et le silence régnait toujours dans la maison. Comme j'avais enlevé ma montre, j'ignorais quelle heure il pouvait bien être. Ce rêve en « duplicata » me perturba un peu. Après quelques bonnes respirations, je parvins tout de même à me rendormir, mais d'un sommeil moins profond cette fois...

C'est à ce moment que je l'ai vue... Il s'agissait d'une roue immense, pour ne pas dire gigantesque... Elle me semblait bosselée. Enfin, c'est ce que j'ai cru voir au début, puis c'est devenu plus précis. Cette roue me fit penser à la roue inca que j'avais vue au musée anthropologique de Mexico quelques années auparavant. Je distinguais ce qui me sembla être des bas-reliefs ou des dessins que je ne parvenais pas à identifier... De chaque côté, au-dessus et en dessous, jaillissaient des étincelles que je comparais à des feux de Bengale que l'on met parfois sur les gâteaux à la place des chandelles. Je voyais cette chose de face et par-dessus, et je discernais de plus en plus de détails. Puis, je la vis bouger. Cette roue immense entourée d'étincelles s'avançait lourdement et irrémédiablement vers moi. Je percevais l'énergie qui se dégageait de ce magma lumineux... Étonnée, j'essayais de comprendre où je me trouvais, mais peine perdue.

Je savais déjà que ce n'était pas qu'un rêve, mais plutôt un songe ou une vision incommensurable. Je me sentais privilégiée d'assister à un tel spectacle, jusqu'au moment où j'ai compris que cette « chose » se dirigeait vers moi sans s'écarter le moindrement ! C'est alors que j'ai aperçu son ampleur et son immensité. On aurait dit une comète et sa traînée d'étoiles... Je compris aussi que cela allait traverser mon corps ! Je me suis sentie happée par cette force cosmique. C'était comme si, tout à coup, j'étais devenue moi-même un grand Tout... Cette procession me passa à travers le corps au niveau du plexus solaire. Ce fut trop pour moi. Effrayée par ce qui se déroulait, en plus de ne pas comprendre ce qui m'arrivait, je fis d'immenses efforts pour me réveiller. Avant de reprendre pied dans ma réalité, j'eus le temps de comprendre l'ampleur de ce que je venais de vivre !

Quelques minutes plus tard, haletante, ravie, comblée et effrayée, j'ai compris que le rêve en duplicata avait pour but de me sortir de mon sommeil profond pour me retrouver dans cet espace que l'on appelle l'« état de conscience modifié » afin que je puisse être consciente de ce qui surviendrait.

Je suis montée rejoindre mon mari à l'étage pour lui raconter ce que je venais de vivre. Il était quatre heures vingt du matin. Je ne me suis pas rendormie, j'ai repassé le fil des événements sans oublier un détail.

Vous pensez bien que j'ai cherché la signification de cette vision ! Personne de mon entourage ne pouvait ni comprendre ni m'expliquer ce dont il s'agissait. Je ne naviguais pas encore sur Internet, comme bien des gens à l'époque…

Quelques mois plus tard, le destin allait me mettre sur une piste. En mai de cette année-là, j'accompagnais mon mari lors d'un voyage d'affaires en Gaspésie. Nous logions à Maria dans un hôtel au bord de la mer. Ce n'était pas la première fois que j'allais à cet endroit et j'avais mes repères, autant pour la plage que pour les restos ou les petites boutiques. Non loin de l'hôtel se trouvait un minuscule magasin ésotérique où j'achetais de l'encens lors de chacun de mes passages. Ce matin-là, j'y allais sans idée précise. Comme chaque fois, je feuilletais les livres en quête de nouveauté. C'est alors que je reçus un coup en plein cœur ! Là, devant moi, dans un livre dont je ne savais rien de l'auteur, je vis, dessinée noir sur blanc, MA ROUE ainsi que les étincelles qui l'entouraient ! J'ai acheté le livre et je suis retournée à l'hôtel à la vitesse grand V !

C'est ainsi que je découvrais pour la première fois le concept des familles d'âmes de Marie Lise Labonté. Je ne savais rien de cette auteure, mais nous avions quelque chose en commun, nous avions vu la même chose, quoique à des époques différentes et sans doute dans un contexte différent. Je regardais ce livre et la page où était dessinée cette roue des âmes avec émotion et fascination ! Donc, je n'avais rien imaginé. Ce n'était pas qu'un rêve, un produit de mon imagination. Quelqu'un, quelque part sur la terre, avait vu la même chose que moi. Je serrais le livre contre mon cœur, incapable de me détacher de cet objet, aussi ridicule que ça puisse paraître… Mon cœur se gonflait de bonheur, et je dois avouer que j'ai pleuré de gratitude et de reconnaissance. Ce n'est qu'une heure plus tard que j'ai abordé la lecture du livre *Les familles d'âmes*.

J'ai lu le livre, de la couverture à la fin, sans prendre le temps ni de manger ni de boire. Enfin, j'allais comprendre ! Quand j'ai refermé le livre *Les familles d'âmes*, je n'étais guère plus avancée. Ce concept non seulement ne me disait rien, mais bousculait mon système de croyances. J'avais une âme comme tout le monde, d'accord. Mon mari, mes enfants, ma famille, tout le monde, quoi ! J'y croyais dur comme fer, cela va de soi. Mais le mot *Famille* accolé à Âmes… Pour moi, ça n'allait assurément pas ensemble ! Je me suis posé énormément de questions ce jour-là et encore plus par la suite : « Pourquoi avais-je vu cette roue des âmes ? Pourquoi cette « chose » avait-elle traversé mon corps ? Pourquoi moi ? »

Ce fut le début de ma quête sur les âmes et les familles d'âmes. Derrière moi, trente ans de questionnement sur la vie et la mort, sur la vie après la mort, le karma, la spiritualité, les anges, les extraterrestres, le spiritisme même… Je me demandais ce qu'il y avait de nouveau comme concept à apprendre !

Cette nuit de février, l'Univers s'était chargé de me montrer un nouveau défi.

En septembre 2013, j'ai eu l'occasion de remercier personnellement Marie Lise Labonté d'avoir écrit ce livre qui allait changer le cours de ma vie. Je n'ai pris que quelques secondes pour ne pas la déranger. Elle a été étonnée que je la remercie et m'a serré la main très fort avec un sourire que je n'oublierai jamais. Par la suite, une amie très chère m'a servi de colombe pour lui transmettre une missive où je relate cette fameuse nuit.

Chapitre 14

Âmes damnées, vous dites ?

Je vais maintenant vous révéler la rencontre qui m'a fait comprendre combien le pardon, l'amour et la compassion pouvaient faire la différence pour ces âmes prisonnières dans une autre dimension. Voici ce qui a déclenché ma démarche concernant ces âmes en quête de compassion et d'amour.

Cette journée-là, j'étais allée faire nettoyer mon corps astral, aligner mes chakras et remettre mes énergies à la hausse. Ce faisant, mon taux vibratoire avait monté et je me sentais pleine d'énergie.

Étant une couche-tôt, mon sommeil d'avant minuit s'avère fort réparateur. Heureusement, car je me lève chaque nuit. Je garde cette habitude du temps où mes enfants étaient petits. N'ayant plus à reborder des lits défaits, à ramasser des couvertures sur le plancher, à moucher des petits nez, mes pas, désormais, m'amènent vers la fenêtre pour voir les étoiles quand le temps s'y prête.

Cette nuit-là, comme d'habitude, j'ai regagné mon lit et je me suis entourée d'une immense bulle protectrice pour éloigner de moi toutes les influences négatives. Je venais de plonger dans mes ondes alpha et j'abordais ce moment agréable où le corps flotte entre deux mondes. J'ai dormi jusqu'au milieu de la nuit puis quelque chose a dû me réveiller. Il était à peine trois heures dix. J'allais me rendormir quand des images apparurent dans ma tête. Je savais que ce n'était pas un rêve.

C'était le soir, mais il faisait encore un peu jour. Je me suis vue allant de maison en maison, visitant différents quartiers avec un agent immobilier sans trouver ce que je désirais. Je cherchais une demeure d'un type bien précis, et ce, sans résultat jusqu'à présent. Nous sommes arrivés dans une rue assez sombre. Et voilà qu'en me retournant, j'aperçus une maison qui me convenait : style anglais, lucarnes, garage et haute clôture qui masquait probablement la cour arrière ! La maison était noircie de la toiture à la véranda, comme si elle avait brûlé. En approchant, une odeur bizarre émanait de l'édifice. Je voulus aller voir cette propriété de plus près, mais l'agent immobilier s'y opposa fermement : « Non, pas celle-là, dit-il, d'un air effrayé, c'est la maison des damnés ! N'allez pas là. Ils sont dangereux ! »

Au bord de la panique, il voulut attraper ma main pour m'aider à quitter les lieux, mais je lui ai dit qu'il pouvait aller de l'avant, que je le suivrais… Avant de partir, j'ai néanmoins jeté un regard vers la maison et j'ai remarqué que le portail était entrouvert. J'ai dû faire quelques pas à l'intérieur.

C'est alors que je les ai vus : des êtres bizarres, informes, difformes, sales, borgnes, dépenaillés et surtout très menaçants, la lie de la terre en quelque sorte. J'ai pensé que ça devait être ça, « la cour des Miracles » au temps des rois français… La maison des damnés portait bien son nom !

La porte de la cour s'était refermée et je suis demeurée prisonnière à l'intérieur. J'ai senti le danger avant de le voir ! J'ai eu vraiment très peur en apercevant le regard cruel d'un géant borgne et agressif !

Je le savais prêt à m'attaquer. Puis, j'ai compris qu'il n'était pas seul. D'autres êtres horribles sortaient de partout, des portes, des fenêtres et même du sol, surtout du sol, aussi sales et agressifs que le géant. Je sentais le danger tout autour de moi.

Je ne sais pas d'où me vint cette intuition, mais je regardai le colosse dans les yeux et lui dis: «Je vous aime, je vous offre mon amour.» À mon étonnement le plus profond, son regard a changé. Il s'est avancé vers moi en me scrutant. Toute trace de violence disparaissait au fur et à mesure que je répétais: «Je vous aime, je vous offre mon amour.» Puis, les autres renégats sont apparus, désorientés eux aussi par mes paroles. Je répétais sans cesse: «Je vous aime, je vous offre mon amour», à la manière d'un mantra… Puis, l'air s'est soudainement allégé.

Le borgne s'est approché de moi en douceur, s'est agenouillé, m'a enlacée et a posé sa tête sur mon ventre en disant: «Pardon! Pardon! Je demande pardon à tous ceux à qui j'ai fait horriblement mal…» Ce cri du cœur venait de partout autour de moi. D'autres personnages ont enlacé le géant borgne en criant: «Pardon! Pardon!» J'entendais le mot *pardon* comme en écho venant de tous bords tous côtés. Je tendais les bras par-dessus cette marée d'âmes repentantes en répétant constamment: «Je vous aime, je vous offre mon amour.»

Nous étions devenus une immense pyramide humaine. Les êtres qui ne pouvaient me toucher, car ils étaient trop loin, s'agglutinaient aux autres, puis encore aux autres. Chacun touchait celui qui était touché et qui me touchait comme si mon amour se transmettait de main à main. C'est ainsi qu'ils recevaient l'amour que j'offrais. Cet amour allait de l'un à l'autre comme une chaîne infinie… Je leur envoyais de la compassion, de l'amour et du pardon à n'en plus finir. C'est alors qu'une vibration impossible à décrire nous recouvrit et je sentis les âmes se détacher et monter vers une autre dimension…

Je sus alors que je venais d'aider des âmes abandonnées et repentantes à aller vers un autre niveau de conscience. Aussi étonnée qu'heureuse de ce dénouement, je compris la force de l'amour, du pardon et de la compassion véritables.

Avant de quitter les lieux, j'ai regardé au fond de la cour et j'ai vu des âmes envahies par l'« Ombre » qui me toisaient d'un air mauvais et je les entendis chuchoter : « Si tu crois nous avoir avec tes "Je t'aime"… » Le portail s'est ouvert de lui-même. Mais, avant de sortir, je me suis retournée et j'ai dit doucement aux êtres qui restaient : « Quand vous serez prêts, vous n'aurez qu'à m'appeler ! » J'ai ensuite refermé la porte pour ne pas que des imprudents y entrent par mégarde.

Je me suis réveillée perturbée par une telle rencontre ! Je venais de réaliser que j'étais descendue quasiment aux portes des enfers pour aider des âmes qui avaient cheminé et qui regrettaient sincèrement leur crime odieux.

Ces âmes abandonnées au moment de leur crime et de leur mort physique avaient vécu un tel rejet qu'on avait oublié jusqu'à leur nom. Rares furent ceux à qui on offrit des messes pour le repos de leur âme meurtrie ou même une simple prière.

Quand des atrocités ont lieu, il est normal de vouloir oublier le nom des tortionnaires. Nous les maudissons avec raison et notre colère et le chagrin qu'ils ont causés nous portent à dire : « Qu'ils pourrissent en enfer ! »

Je crois fermement en la réincarnation depuis plus de quarante ans. Je crois aussi à la notion de karma. Je sais aussi que nul n'est à l'abri d'un acte insensé entraîné par une colère aveuglante ou par ce que l'on appelle un *black-out* !

Oui, je me suis demandé comment je réagirais si l'un de mes enfants ou de mes petits-enfants se faisait tuer par un assassin ou un chauffard ivre. Je suis presque certaine que, dans ma colère, je les précipiterais en enfer pour qu'ils y brûlent jusqu'à la fin des temps !

Cependant, la colère et la rancune font une mauvaise encoche à notre karma. Ce que nous ne parvenons pas à assainir dans cette vie nous suit dans la prochaine, et ainsi de suite. C'est extrêmement difficile de pardonner à ceux qui nous blessent, alors imaginez à ceux qui font du mal à nos proches, à ceux que l'on aime!

Pour le salut de notre âme, nous n'avons pas le choix. Le pardon a un effet libérateur. Il nous permet de lâcher prise, d'aller de l'avant et de poursuivre notre chemin de vie en regardant vers l'avenir et non vers le passé.

Pour l'âme d'un criminel repenti aux prises avec l'Ombre, notre pardon et notre compassion lui feront prendre conscience de la douleur qu'il a causée et lui permettront de réaliser l'odieux de ses actes puis de cheminer pour sa vie future. Comme je le disais plus tôt, contrairement à ce que l'on nous dit souvent, pardonner ne veut pas obligatoirement dire oublier. Cela veut dire regarder l'événement de manière différente.

Est-ce facile? Non, mais la paix a un prix…

Chapitre 15

Qui sont les âmes oubliées ?

Les âmes abandonnées, les âmes oubliées, les âmes rejetées tentent de se libérer du plan terrestre afin de poursuivre leur destinée dans une autre dimension. Ces âmes, dont la vibration est si basse, sont absolument incapables d'accéder à ce que certains nomment la « lumière ». Elles sont retenues par la haine, le rejet et surtout l'oubli.

Nous pourrions aussi les appeler les « âmes souffrantes », car elles souffrent énormément ! Elles ont été abandonnées à cause de leur conduite répréhensible. Sur terre, ces hommes et ces femmes furent maudits par la société, et pour cause. Je vous parle aujourd'hui de l'âme d'une catégorie de criminels, d'assassins et de suicidés. Bref, de ceux qui ont malencontreusement commis des crimes contre la société ou contre eux-mêmes.

Vous vous demandez sans doute pourquoi nous devrions nous occuper de tels « monstres ». Eh bien, cela se résume en deux mots libérateurs : *amour* et *pardon*.

Ces âmes parfois si différentes ont en commun un besoin absolu de notre aide pour évoluer. Je vous préviens tout de suite. Certains lecteurs dans les pages qui suivent auront parfois envie de refermer ce livre et même de le jeter à la poubelle, car ce n'est pas toujours évident d'accepter de pardonner le mal qui a été fait.

Je tiens à préciser que les âmes dont il est question dans ce livre ne sont pas errantes. Elles ne se manifestent pas de manière insistante ni bruyante. Elles ne cherchent pas à s'incruster dans un lieu physique. Elles n'affrontent aucun humain. Au contraire, les âmes oubliées sont humbles dans leur approche. Elles « demandent » en toute simplicité, et certaines sont si discrètes qu'il faut être attentif pour ressentir leur présence. Au début, je croyais que c'était mon imagination qui me jouait des tours, ou mon chat qui se frôlait sur mes jambes, jusqu'au jour où j'ai dit à voix haute : « Si vous essayez de me joindre, manifestez-vous un peu plus clairement, sinon je ne pourrai pas vous aider. » C'est alors que leur énergie s'éleva. Maintenant, quand j'ai un doute, je leur demande d'être précises.

La plupart des histoires que relate ce livre m'ont été racontées par les âmes elles-mêmes. Vous trouverez aussi des informations qui me viennent d'un guide.

Comme bien des gens, je me demandais comment une âme, qui naissait avec la pureté et la lumière christique, pouvait devenir responsable de la mort d'autrui.

Chapitre 16

La grande visite

Deux ans avant ma rencontre avec mon guide Zorahm, des âmes repentantes ont commencé à me rendre visite et à me demander de l'aide. J'y allais au mieux de mes connaissances avec une impression de tourner en rond. Un soir, lors d'une méditation, j'ai demandé à mon ange gardien de m'envoyer un messager capable de me faire comprendre ce dont ces âmes avaient le plus besoin. La réponse ne tarda pas.

Moins de cinq heures plus tard, Zorahm (se prononce Zorashem) s'est présenté à moi. « Que les âmes des fidèles défunts reposent en paix ! » Voilà avec quelle phrase s'est présenté le messager lors de notre première rencontre. Quelle surprise ! J'étais si abasourdie que je n'ai pas eu la présence d'esprit de répondre : « Par la miséricorde de Dieu, amen », comme le veut la prière…

La génération des bébé-boumeurs sait de quoi je parle… Du temps où nous allions presque tous à la messe et aux offices religieux, y compris aux funérailles, cette prière était traditionnellement récitée (lors de la sortie du cercueil de l'église ou de sa descente dans la fosse).

Il était trois heures. J'ai entendu mon messager avant de le voir. Immense, il devait mesurer plus de deux mètres il avait le teint basané, il portait un long vêtement blanc et il arborait des cheveux poivre et sel sous son calot blanc. Cela me fit penser à Nehru, cet ancien chef d'État indien. Ce n'était pas lui, mais l'un de ses semblables.

Pour une surprise, c'en était une ! J'avais demandé de l'aide, soit, mais je ne m'attendais pas à ce que cela arrive si tôt ni de cette manière. Depuis, j'ai compris qu'il me faudrait être prête à tout moment.

Quelques minutes avant cette visite, quelque chose m'a réveillée. Il était deux heures cinquante et, dans ma tête, j'ai entendu une voix me dire : « Prépare-toi, il sera là à trois heures… » J'ai allumé ma veilleuse, sorti mon cahier et, avant même de m'asseoir, le messager était là, à mes côtés. Il s'est incliné vers moi et m'a dit qu'il s'appelait « Zorahm ».

Depuis quelque temps, je me préparais à l'écriture de ce livre en faisant des recherches. J'avais posé des questions durant mes méditations et rédigé une table des matières potentielle. Mes rêves et mes songes m'apportaient des réponses, mais j'avais besoin d'un guide afin de bien cerner cette problématique hors du commun. Assise sur le bord de mon lit, éclairée par une lampe minuscule, j'ai écrit sous la dictée de Zorahm. Je vous transmets une partie de ce qui fut dit cette nuit-là :

Zorahm – Nous sommes obligés d'obéir aux lois de l'Univers et vos âmes sœurs crient au secours. Une multitude d'âmes cherchent la paix et le pardon. Elles doivent se réincarner pour accomplir leur mandat, mais elles sont retenues par ceux qui cultivent la haine, qui la nourrissent et qui s'entourent d'Ombres noires.

Marie – J'écris ce livre pour tenter de les aider, pour que les humains comprennent le besoin des âmes des défunts.

Zorahm – Là où elles se trouvent, il n'est plus question de besoins, il est question de vibrations. Il vous est demandé de faire en sorte que leurs vibrations atteignent un certain niveau pour qu'elles puissent se dégager de l'Ombre. Elles ne doivent pas laisser leur place aux Ombres noires !

Marie – Que voulez-vous dire par « laisser leur place aux Ombres noires » ?

Zorahm – Vous avez tous un plan de vie… (suivi d'un silence)

Marie – Je sais, mais je ne comprends pas ce que vous voulez dire par « laisser leur place aux Ombres noires »… Je comprends que nous avons un plan de vie et qu'il faut éviter d'être happés par l'Ombre. Une fois de l'autre côté de la vie terrestre, les âmes qui ont commis des actes répréhensibles font face à leur destin. Alors ?

Zorahm – Je parle du karma, le vôtre, le leur, et je parle de celles qui devront attendre pour se réincarner. Elles sont toutes dans la même attente.

Marie – Qui sont celles qui attendent ? Les âmes des criminels repentis ?

Zorham – Celles-là et les autres aussi, c'est-à-dire celles qui les suivront dans leur prochaine incarnation. Il y a tant d'âmes oubliées qui ne peuvent poursuivre leur destin. Quand une âme aux prises avec l'Ombre change de dimension à la suite de sa mort terrestre, elle subit ce que vous appelez un « châtiment ». Nous préférons les termes *cause à effet*.

Au départ, le but de l'âme est de vous aider à maintenir un haut taux vibratoire. Force lui est alors de constater son échec. Même si elle sait qu'elle avait choisi un chemin de vie difficile avant de s'incarner dans votre plan dimensionnel, l'âme souffre d'avoir raté sa mission. Elle va directement vers une vibration basse et lourde qui la maintiendra loin de sa famille d'âmes. Certaines âmes choisissent de s'éloigner de la lumière si elles ne parviennent pas à faire de vous un meilleur être humain dans la vie présente. En s'incarnant, elles espéraient certainement ne pas avoir à aller si près de l'Ombre. Lorsque l'âme pourra s'élever suffisamment pour rejoindre les siens, elle comprendra ce qui n'a pas fonctionné et en profitera pour refaire ce que vous appelleriez sur terre le « plein d'énergie » afin de revenir et de tenter encore une fois d'accomplir sa mission.

Marie – Justement, pourquoi une âme choisit ce plan karmique puisqu'elle sait avant de s'incarner ce qui arrivera durant sa vie et après sa mort ?

Zorahm – Certaines âmes acceptent d'aller sur terre pour devenir la main du destin… Les humains frappés par le malheur ont choisi eux aussi ce plan de vie. Ils ne partent pas vers votre terre en toute innocence. C'est d'ailleurs ce qui peut retarder leur venue. Des âmes au destin tragique changent parfois d'idée à la toute dernière minute… C'est ce que les médecins appellent un avortement « spontané » ou « naturel ». Il faut aussi savoir que si une âme choisit de mourir avec son enfant dans un accident de voiture, il faudra quelqu'un pour conduire cette voiture. Tout comme si une âme accepte de périr aux mains d'un assassin, il faudra quelqu'un pour tenir le fusil ou le couteau. Il y a fort à parier que l'âme aux basses vibrations qui vous enlèvera à votre vie terrestre ait déjà tenté de vous l'enlever dans des vies subséquentes. Vous aurez choisi cette âme dans le but de l'éloigner de l'Ombre en espérant qu'elle comprenne tout en lui offrant la possibilité de guérir l'âme de son tortionnaire. Le libre arbitre existe aussi pour celles qui côtoient l'Ombre. Les âmes qui demeurent sur le plan terrestre après une tragédie ne se souviennent pas d'avoir volontairement choisi ce karma. Chaque âme de chaque tragédie est reliée à l'autre, et ce, bien avant leur naissance à toutes deux. Tout est relié.

Marie – Vous dites que la personne qui sera tuée a choisi son assassin dans sa vie précédente. C'est tout de même difficile à accepter comme principe.

Zorahm – Quand on admet que tout est relié, c'est plus facile !

Marie – Peut-être, mais c'est un peu gros à accepter. C'est une chose de comprendre son karma, mais cela en est une autre d'accepter que notre enfant ou notre conjoint ait choisi son assassin. Je me vois mal expliquer cela à un parent dont l'enfant a été tué par un chauffard !

Zorahm – Nous comprenons le désarroi de l'humain et nous débordons de compassion pour ces âmes meurtries.

Marie – Qu'arrive-t-il à ces âmes une fois qu'elles ont constaté l'horreur de leur geste ?

Zorahm – Une fois libérée de son enveloppe charnelle, l'âme comprend et souffre énormément de son comportement humain. Quand elle aura ce que vous appelez « expié », cette âme tentera de trouver un moyen de venir en aide à sa victime dans une vie future. En attendant, elle devra demeurer dans le bas astral en espérant que quelqu'un lui manifeste de la compassion et de l'amour pour alléger sa vibration. Si elle reçoit ne serait-ce qu'une particule d'amour et de compassion, cette âme parviendra à quitter le royaume des Ombres pour atteindre une vibration plus forte qui l'amènera vers une autre dimension. Sans cela, l'âme continuera à subir le calvaire des Ombres et, plus encore, retardera l'incarnation de nombreuses autres âmes.

Marie – Le calvaire des Ombres, qu'est-ce que c'est ?

Zorahm – Chère âme, ce serait accorder trop d'importance à ces lourdes vibrations. Votre destin est d'aider les âmes repentantes. En ce qui vous concerne, le reste est sans importance en ce moment.

Marie – J'aimerais tout de même en savoir un peu plus… (Je n'ai obtenu alors aucune réponse. Ce n'est qu'en 2013 que j'ai reçu de l'information sur le sujet.)

Marie – Pourquoi choisir de mourir de manière si brutale et parfois horriblement douloureuse ?

Zorahm – Ces souffrances ont parfois pour but d'éviter un grand nombre d'incarnations…

Marie – Personnellement, je crois que je préfère quelques vies de plus sur la terre à de terribles souffrances physiques.

Zorahm – C'est que votre raisonnement est celui d'un humain. L'âme vibre à un autre niveau de compréhension… La lourdeur de la vibration terrestre n'est pas agréable pour une âme qui a de nombreux cycles de vie et qui aspire à l'ascension finale.

Marie – Qui aidera ces âmes qui font ce choix karmique ? Être détestées par tout le monde, au point que l'on préfère oublier jusqu'à leur nom, c'est tout de même cher payé… Plusieurs de ces âmes ont certainement dû faire de bonnes actions au cours de leur vie et voilà qu'elles sont rayées des mémoires… Qui peut les aider ?

Zorahm – Des âmes qui acceptent de les comprendre et de témoigner en leur faveur. Des gens qui comprennent le bien-fondé et la puissance de l'amour, du pardon et de la compassion. Vous êtes quelques-uns dans la vibration terrestre.

Marie – Qu'arrive-t-il quand les âmes abandonnées prennent des années à monter vers une vibration qui les amènera à un haut niveau de conscience ?

Zorahm – Le processus de réincarnation des âmes qui doivent s'incarner avec elles est suspendu. Dans certains processus, le cheminement se fait avec des membres précis de votre famille d'âmes. Imaginez que vous ayez choisi un plan de vie qui comporte un certain nombre d'âmes que vous connaissez déjà et avec lesquelles vous deviez avoir une interaction dans le but d'évoluer à un rythme précis. S'il manque une vibration dans cette cellule, cela ne pourra pas fonctionner puisque le plan prévoit l'incarnation d'âmes bien spécifiques. Donc, vous devrez attendre que l'âme ou ces âmes puissent être disponibles. Cela implique que l'âme oubliée ou rejetée retardera votre propre incarnation ainsi que celle de votre cellule. Rappelez-vous que tout est relié. Plus encore, de jeunes âmes qui commencent leur évolution et qui doivent aussi s'incarner avec votre groupe devront retarder leur cheminement, et ce, autant pour leur vie présente que pour leurs vies futures.

Marie – Ce que vous me dites demande une grande foi…

Zorham – C'est déjà une bonne base. Votre travail, chère âme, sera de poursuivre votre croisade en faveur de ces âmes que les humains préfèrent ignorer, sans connaître les conséquences sur leur propre destinée. Je serai à vos côtés si vous avez besoin de mon aide. En attendant, je continuerai de veiller sur votre vibration personnelle. Que la lumière christique illumine votre chemin et vous garde loin des Ombres.

Le messager a disparu aussi rapidement qu'il est arrivé et me laissa dans un état entre l'incrédulité et le ravissement.

Quelques jours plus tard, la relecture de ce message me laissa perplexe. Ce n'est que plus tard que je compris que j'écrirais vraiment ce livre.

Certains des messages reçus cette nuit-là demandent une foi immense. Comme j'ignore ce qui en est réellement de tout cela, je préfère attendre avant de vous en parler.

Chapitre 17

Ces âmes que l'on a préféré oublier

Avant de devenir des êtres humains infâmes, les âmes de ces gens ont été des enfants aimés et aimants. Ils ont fait la joie de leurs parents qui n'auraient jamais pu imaginer qu'un jour, ces petits bébés chéris allaient tuer un autre être humain.

Il est prouvé que les criminels ne sont pas tous issus de parents criminels. Ils n'ont pas tous eu une vie malheureuse et sans instruction. Ils ne sont pas nécessairement issus de parents riches qui leur ont tout donné dans le but de se faire pardonner leur absence. Simplement, la vie s'est chargée de les mettre devant leur destin.

Les âmes que l'on a préféré oublier sont sans doute les plus perturbées. De l'autre côté de leur vie terrestre, elles prennent conscience de leur mauvaise conduite, acceptent le fait d'être responsables de la mort d'autrui, réalisent qu'elles ont causé un chagrin immense à ceux qui restent. Ce qu'elles ne comprennent pas, c'est la raison pour laquelle elles sombrent dans l'oubli.

Je vais vous relater trois histoires, malheureusement vraies, qui mènent au même résultat.

Steve

Par une belle soirée d'été, un couple et leurs deux enfants sortent prendre l'air. Ils vont manger une crème glacée au coin de la rue. Avant de traverser la voie, tous s'assurent qu'elle est libre. Ils sont presque arrivés de l'autre côté lorsqu'une voiture, sortie de nulle part, surgit à vive allure et fonce sur eux. La mère meurt sur le coup et sa fillette de dix ans, grièvement blessée, demeurera handicapée pour le restant de ses jours. Steve, le conducteur drogué, termine sa course contre un mur de briques et se tue. Ce n'était pas sa première offense, bien qu'il ait moins de trente ans. Personne n'aurait pu prévoir cet accident. Évidemment, si le conducteur avait eu toute sa tête, s'il avait été à jeun, s'il avait fait mauvais ce jour-là, toute la famille serait demeurée chez elle… Si… Si… Si…

Mais voilà, le destin s'est mis en route. Nous avons notre libre arbitre, soit, mais nous avons aussi décidé de notre avenir et de notre vie avant même de nous incarner dans cette vibration terrestre. Tout aurait été différent si nous avions choisi un autre destin, croit-on. Mais qui peut le dire ?

Dans cette histoire, les parents du jeune homme, qui sont athées, ont fait incinérer leur fils sans une seule prière. Ils ont même refusé les services de l'aumônier de l'hôpital. Plus tard, ils ont répandu les cendres de leur enfant aux abords d'une rivière où ils ont l'habitude d'aller pêcher, remerciant « Dieu sait qui » de ne plus avoir à s'inquiéter de leur garçon. Couverts de honte, ils ont déménagé et décidé d'oublier cette histoire le plus rapidement possible.

L'ego est ce qu'il est. Ces parents ont donc oublié qu'un jour, cet enfant a fait leur joie. Qu'ils ont fêté ses anniversaires, ont été émus devant ses premiers pas, se sont inquiétés de ses premières fièvres. Ils ne veulent plus se souvenir du jour où Steve a reçu son diplôme du cégep et de tous les rêves qu'ils ont faits à trois. Encore une fois, l'ego est ce qu'il est. Ils ont donc renié l'existence même de cet enfant, devenu un homme souffrant.

Jérôme

Jérôme, âgé de dix-sept ans, vivait seul avec son père, sa mère étant décédée voilà quelques années. Il étudiait au cégep, un tout nouveau concept d'enseignement à l'époque.

Le jeune homme obtenait de bonnes notes tout en travaillant à mi-temps dans un casse-croûte. Ce jour-là, Jérôme rejoint sa copine à la plage. Tout le monde s'amuse. C'est l'été, les jeunes chahutent un peu sans arrière-pensées, mais Jérôme a un défaut, il est extrêmement jaloux. Il croit voir son amie *flirter* avec un autre gars. Il perd la carte. Il gifle sa copine et la situation dégénère. L'autre garçon vient au secours de la jeune fille. Sous le coup de la rage, Jérôme attrape un bout de bois qui traîne par terre et frappe le garçon à la tête. Ce dernier ne se relèvera pas. Il est mort. En entendant les sirènes, Jérôme s'enfuit. Il ne prend pas garde en traversant la rue et se fait happer par une voiture. Il meurt à son tour.

Là aussi, nous pouvons y aller avec des « si ». « Et si le père de Jérôme l'avait mieux entouré lors de la mort de sa mère… Et si, à l'école, les professeurs avaient été plus attentifs à son caractère, peut-être qu'un psychologue aurait pu l'aider à se contrôler… » Et tant qu'à y être, « et si sa mère n'était pas décédée ! ».

Encore une fois, rappelons-nous que notre choix de descendre dans la vibration terrestre s'est fait selon un plan bien établi.

Plus tard, le père de Jérôme se dit qu'il aurait dû prendre plus au sérieux le tempérament bouillant de son fils. Heureusement, le gamin était mort et ça évitait un procès coûteux ! Il se dit qu'avec de la chance, l'affaire serait oubliée assez rapidement. Jérôme fut incinéré durant les vacances annuelles de son père en Gaspésie, dans le village natal de sa mère. Ne voulant pas avoir à parler des événements, le père demanda une simple bénédiction au curé avant de placer l'urne près de celle de sa mère. Personne n'avait posé de questions. « Heureusement, pensa-t-il, le monde oublie vite ! » Lui-même préférera oublier cet accident.

La peur du scandale, la peur d'être poursuivi en justice a été plus forte que l'amour pour cet enfant. Pourtant, avec Maryse, sa femme, ils avaient attendu avec tellement d'impatience l'annonce de ce petit bébé. Cinq ans avaient passé sans qu'un signe de grossesse ne se manifeste. Puis, un jour, sans qu'ils s'y attendent, le miracle s'est produit. Maryse fut une mère présente malgré sa carrière. Quand elle devait rentrer tard, c'est son mari qui terminait tôt afin de ne pas devoir faire garder cet enfant si précieux.

Le comportement de ce père est d'autant plus incroyable, sauf si nous connaissons la vérité, peut-être...

Maryse allait demander le divorce et Jérôme avait choisi d'aller vivre avec sa mère. Ici, encore, l'ego prit le pas sur l'amour et le père préféra oublier à quel point l'arrivée de Jérôme dans sa vie avait été un tel bonheur.

Denis

Un homme, célibataire et sans enfant, se retrouve encore une fois au volant de sa voiture en état d'ébriété. Il a perdu son permis de conduire voilà plusieurs mois, mais il conduit tout de même. Encore une fois, Denis omet un arrêt obligatoire et frappe des cyclistes. Un homme se fait tuer sous les yeux de sa femme et de leur fils. Le conducteur poursuit sa course, rate une courbe et tombe dans la rivière au bout du chemin et se noie.

Nous pouvons recommencer la séquence des « si »... « Et si les autorités lui avaient enlevé sa voiture... Et si on avait obligé cet homme à suivre une thérapie... Et si on l'avait mis en prison à la seconde offense... Et si la bande cyclable avait été plus sécurisée... »

Comme le récidiviste n'avait pas d'enfant, c'est son frère qui le fit incinérer trois jours plus tard. Il n'y eut pas de messe, juste une courte célébration en privé avant de l'enterrer sans pierre tombale. Avec les circonstances, mieux valait être discret, se dit-il. Après avoir fait le compte de ses dépenses, le frère de Denis décida de vendre le camp de chasse de son frère, histoire de rentrer dans son argent. Il se dit que si la vente en valait la peine, il lui ferait chanter une messe. Il le vendit pour presque rien et il n'y eut pas de messe...

Encore une fois, un être humain trouvait la mort dans des circonstances dramatiques et cela n'avait aucune importance pour un frère endeuillé que l'argent dépensé pour un homme dont il préférait ignorer l'existence !

L'alcoolisme est une maladie qui ne se soigne qu'avec une volonté de fer. Cet homme avait aussi une âme souffrante et ne parvenait pas à se sortir de sa dépendance et la société le rejetait du revers de la main... Les gens lui fermaient la porte au nez, et c'est humain de tenter d'aider par la menace dans notre société, mais où se trouve la compassion ? Qui connaissait sa véritable douleur ?

Que sont devenues ces trois âmes ?

Comme vous pouvez le constater, trois individus sont devenus des criminels sans préméditation aucune. Et ce qui s'est passé quelques minutes avant leur décès a engendré tant de haine de la part des victimes qu'ils ont été maudits par tout le monde, y compris leurs propres parents.

Ces histoires ont en commun que les trois personnes responsables de la mort d'autrui seront maudites par les familles des victimes et seront oubliées volontairement par leur propre famille.

Et si leur incarnation avait été programmée pour être l'instrument du destin ?

Plusieurs diront : « Mais on s'en fout ! Que ces criminels aillent en enfer ! Jamais je ne leur pardonnerai… Jamais ! »

La colère, la haine et la rancœur qui habitent les familles éplorées sont des sentiments normaux par lesquels il est sans doute sain de passer. Le temps fera son œuvre pour apaiser leur douleur. Mais pas nécessairement sur le plan du pardon.

Pendant ce temps, dans un autre niveau de conscience, chacune de ces âmes fait face à son jugement. L'âme sait où elle se retrouvera pour un laps de temps dans ce que nous, humains, appelons « purgatoire » ou « enfer », mais qui en réalité est une vibration extrêmement basse. Pourtant, chacun purgera sa peine comme le font les prisonniers. Sauf que des criminels sont condamnés pour vingt, vingt-cinq ans d'enfermement, puis sortent de prison, libres de se refaire une vie.

L'âme, par contre, ne semble pas avoir droit à ce genre de sentence limitée !

Chapitre 18

Pourquoi les âmes acceptent-elle ce contrat karmique si difficile ?

À la suite d'une rencontre avec mon guide Zorham, je lui ai posé cette question. Vous pouvez lire la transcription dans le chapitre intitulé « La grande visite ».

Il est un fait reconnu par les gens qui œuvrent dans le domaine paranormal que nous choisissons notre plan de vie terrestre longtemps avant notre naissance.

Certains diront : « Je veux bien avoir "choisi" des parents qui ne me conviennent pas et cette vie que j'ai longtemps honnie, mais, au moins, je ne suis pas devenu un criminel, pas plus que l'un de mes proches. » Qui peut dire ce qui arrivera demain, la semaine prochaine ?

Quand certaines journées sont plus difficiles que d'autres, il m'arrive aussi de dire : « Non mais, foutu karma tout de même ! » Je vous dirais que juste le fait de remettre cette affirmation en perspective m'apaise un peu. Ça ne règle aucunement mes problèmes, mais au moins je prends conscience de mon choix et je me console en me disant qu'il y a une raison à cette période difficile.

Mais, attention, il ne s'agit pas de rester les bras croisés en attendant que passe l'orage, absolument pas ! Au contraire, la recherche de solutions et la maxime qui dit : « Aide-toi et le ciel t'aidera » me conviennent beaucoup mieux.

Mais eux, ces gens qui se retrouvent dans des situations terrifiantes, qui vivent la cruauté physique durant une vie, ont aussi choisi cette vie. L'enfant qui naît avec une maladie dégénérative aussi. Il en est de même pour la personne qui mourra d'un cancer dans de terribles souffrances. Personne n'aime cette idée, et pourtant…

Et il y a ceux qui ont choisi de venir sur terre pour devenir l'instrument du destin tout en sachant qu'ils seront détestés même au-delà de la mort.

Avant de poursuivre, je tiens à préciser que je ne parle pas ici du cas des criminels endurcis ou des criminels de « carrière », c'est-à-dire les bandes et les groupes du crime organisé qui s'entretuent pour le pouvoir d'un quartier, d'une ville ou d'un cartel. Ils ont fait le choix de l'Ombre. Cela leur appartient et il est préférable de nous tenir loin de ces vibrations.

Cela dit, dans notre monde terrestre, c'est déjà troublant de penser qu'un être humain a choisi de s'incarner parmi nous pour devenir l'instrument de la mort d'un autre humain. Comme me disait le messager, « il faut pourtant quelqu'un pour tenir le couteau ou le fusil »…

Chapitre 19

L'enfer ou le purgatoire existent-ils ?

Enfer ou purgatoire ? Voilà une question fort ambiguë. Notre identité religieuse, la culture catholique québécoise d'avant les années 1960, a jeté un froid sur la génération des bébé-boumeurs. Désabusés de la tradition religieuse qui nous menaçait sans cesse des feux de l'enfer, nous avons jeté à la poubelle tous ses concepts abrutissants. Mais qu'en est-il réellement ? Est-ce que l'enfer existe ? Qu'en est-il du purgatoire ?

Enfer

L'enfer existe, oui ! Heureusement pour nous, il y a un lieu où sont rassemblées les âmes noires irréductibles. Se réincarneront-elles ? Entourées de leurs semblables, ces âmes connaissaient les conséquences de leurs gestes avant leur incarnation. Ces âmes avaient la possibilité de changer leur destinée pour aller vers une vibration de plus haut niveau. Soit elles ont refusé de suivre cette voie, soit l'Ombre s'est montrée plus convaincante. Ce qui est fréquemment le cas.

Il n'est pas de notre ressort de juger l'après-vie de ces âmes noires. De toute manière, nous n'y pouvons rien. Les prières les plus ferventes n'ont pas d'influence quand la volonté de s'amender n'y est pas. Pire encore, notre haine envers ces âmes noires nourrit leur déchéance karmique et amplifie leur attachement aux vibrations les plus basses. Cette lourdeur gonfle le pouvoir de l'Ombre et lui donne une force dont on se passerait bien.

Nous tous, autant que nous sommes, aimerions croire que l'enfer n'est qu'un concept illusoire ayant pour but de contrôler certaines de nos pulsions négatives. Par contre, nous sommes prêts à concevoir que le ciel existe et que oui, c'est un lieu de délices comme nous le présente la Bible. Il faut accepter que puisque le ciel existe, l'enfer existe aussi. Comme le jour et la nuit, la vie et la mort, le yin et le yang. Ce qui est en haut est comme ce qui est en bas et, comme se plaît à me le dire régulièrement mon guide Zorahm, rappelez-vous que tout est relié.

Purgatoire

Où se trouve le purgatoire, cette espèce de *no man's land* où nous mèneraient nos péchés véniels, comme il est écrit dans *Le Petit Catéchisme* d'autrefois ? Il s'agirait toujours, selon le livre précité, d'un lieu situé entre le ciel et l'enfer. Que l'on espère tout de même un peu plus près du ciel…

Pour une certaine génération, le ciel se trouvait quelque part dans le firmament, plus haut que la Lune et les étoiles, car « invisible à nos yeux, même avec des jumelles », comme le disait ma mère ! L'enfer aussi, c'était réglé. Il était quelque part, dans les entrailles de la Terre, tout près du noyau central puisqu'il y avait du feu… (!)

À une certaine époque, il était coutumier de faire certains gestes pour gagner des indulgences en vue de notre séjour dans cet endroit imprécis, plus ou moins désagréable et pourtant réel selon nos croyances religieuses. Nous n'avions pas tellement envie d'y séjourner, mais il s'agissait d'un incontournable !

Lorsque j'étais jeune, les parents racontaient aux enfants qu'au purgatoire, il faisait froid et sombre, qu'il y était interdit de parler entre nous, que c'était un lieu de prière uniquement et que nous ne pouvions même pas y dormir! Quand je demandais de quoi ça avait l'air, ma marraine m'expliquait que c'était comme être en punition à genoux dans le coin, mais pour plus longtemps, des dizaines d'années, voire des centaines, selon nos péchés! Ouch!

Au couvent, les religieuses et les prêtres qui venaient pour le catéchisme rajoutaient que les âmes du purgatoire éprouvaient une immense tristesse parce qu'elles ne pouvaient voir Dieu et ses anges et qu'il fallait prier avec ferveur pour quitter cet endroit le plus rapidement possible.

Je voyais déjà mon ange gardien avec qui je m'entretenais et que je priais minutieusement chaque soir avant de m'endormir. Je n'avais pas très envie d'être privée de sa présence réconfortante simplement parce que j'avais désobéi à maman ou que j'avais fait des grimaces à une camarade à l'école. J'essayais de toutes mes forces d'être une bonne chrétienne, mais les sacrifices et moi...

C'était une époque où le péché s'avérait omniprésent et le ciel, inaccessible au moment de notre mort, sauf si nous avions mené une vie de prières et de sacrifices. Beaucoup d'appelés et peu d'élus, là encore, sauf peut-être les sœurs cloîtrées qui priaient jour et nuit, disait-on. Il fallait aussi prier pour le repos des âmes du purgatoire. Bon, on n'avait pas fini de prier!...

Le purgatoire s'avérait donc un passage obligé, bien que l'on ne sache pas très bien où cela se situait. Une seule certitude: nous allions y demeurer longtemps, très longtemps. Les gens âgés priaient depuis leur enfance et offraient leurs peines et leurs douleurs pour gagner des indulgences variant de 25 à 50, à 200 et même à 500 jours chaque fois... Il existait même un recueil comprenant le nombre d'indulgences pour chacun des sacrifices accomplis!

La mort nous faisait immensément peur, sans doute à cause de l'omniprésence du péché. De nos jours, ce concept de sacrifices pour les âmes du purgatoire nous semble une aberration, et pourtant… Il fallait aussi savoir pardonner ! Ce concept semble se perdre dans la nuit des temps, vu le nombre d'âmes oubliées qui viennent demander mon aide…

Ce purgatoire, comme sa définition l'indique, serait un lieu, j'opterais plutôt pour une vibration qu'un lieu, où l'on peut comprendre et se libérer de ses « fautes », un endroit pour décortiquer le mal fait à autrui. Un espace qui existe sans exister.

Si nous rapportons le purgatoire dans un contexte plus contemporain, nous serons à même de saisir l'importance de cette vibration de moindre intensité que celle reliée au ciel, mais néanmoins fort positive comparée à l'enfer ! C'est lors de notre séjour dans cette vibration que nous serons à même de constater le genre de vie que nous avons menée avec notre famille d'âmes par rapport à notre contrat karmique.

La vibration de ce *no man's land* est assez puissante pour nous maintenir à un degré d'énergie suffisamment loin de l'Ombre pour ne pas ressentir totalement sa lourdeur. Les pensées d'amour et de pardon des parents, des amis ainsi que celles des gens dont l'âme dans sa vibration terrestre a su aider contribuent à notre purification.

Quand notre âme libérée de son enveloppe charnelle aura récupéré, quand les traumatismes infligés à nos différents corps alourdis par les longues maladies ou par le suicide seront effacés, l'âme se dirigera encore une fois vers une vibration plus élevée et pourra alors entrer dans une autre dimension. C'est là que l'âme désormais purifiée rejoint les siens et entreprend un long repos bien mérité. Cette vie serait pratiquement similaire à la vie terrestre, sans ses contraintes, ses maladies et ses vicissitudes. Nous vibrerons dans un niveau de conscience beaucoup plus élevé, jusqu'au jour où l'âme devra s'incarner à nouveau, sur cette terre ou ailleurs. Plusieurs écoles de pensée ont des opinions différentes sur le sujet. Personnellement, j'y crois.

Combien de temps durera cet intermède entre deux incarnations? Tout dépendra du plan karmique que l'âme souhaitera vivre… L'âme choisit son futur chemin de vie, selon ce qu'elle désire comme évolution. Si, au cours de son incarnation précédente, sa vie terrestre s'est avérée difficile, grossière, douloureuse et traumatisante et que, malgré tout, cette âme a réussi à accomplir sa mission comme elle était programmée au départ, l'âme peut décider de faire une pause. Ainsi, elle choisira une incarnation dans une famille paisible, à l'aise, généreuse et sans problème insoluble.

Par contre, l'âme qui souhaite éviter quelques incarnations futures pourrait aller vers une vie de misère, de douleur et de tempête. Elle pourrait choisir d'accompagner quelqu'un qui devra affronter l'Ombre dans ses vibrations les plus lourdes, avec la mission de secourir cette âme en perdition et ainsi de l'amener à évoluer. Pire encore, elle pourrait choisir d'être cette âme qui subira la torture aux mains d'un prédateur humain, avec l'espoir de parvenir à toucher le cœur de la « bête » pour sauver cette âme ! Si elle réussit sa mission, l'Ombre aura perdu un peu de son pouvoir. En cas d'échec, les souffrances choisies et la mort qui suivra feront passer cette âme directement dans ce que d'aucuns nomment le « paradis ». Cette belle âme pourra se reposer et l'Énergie, que l'on appelle « Dieu », lui permettra de retourner de temps à autre dans une dimension parallèle à la terre pour tenter d'apaiser les souffrances de ses proches demeurés dans la vibration terrestre. Ce n'est pas aussi simple que cela peut sembler. Les parents déchirés par la violence faite à leur enfant ne perçoivent que rarement la présence bienfaisante de celui ou de celle qu'ils pleurent, trop accaparés par leur chagrin.

Chapitre 20

Durée de la purification

Je ne crois pas que connaître le temps que prendra l'âme pour se purifier ait une grande importance pour le cours de notre vie actuelle. Pour l'âme qui a quitté son enveloppe charnelle entourée de parents et d'amis, cela dépendra principalement de son propre plan de vie et des liens qu'elle a su développer. En dehors de la vibration terrestre, le temps n'existe plus de toute manière.

Pour les âmes oubliées, abandonnées, c'est une autre histoire. Les âmes esseulées à la suite de leurs actes malencontreux n'ont pas la capacité de s'amender aussi rapidement que celles qui ont la chance de recevoir amour, pardon et prières. Pour elles, le temps s'étire, car elles sont très près de la vibration terrestre et en ressentent la lourdeur.

Une manière d'aider ces pauvres âmes en souffrance consiste à prier pour leur repos. Si vous n'avez pas l'habitude de prier, de simples pensées d'amour et de compassion feront très bien l'affaire. Voici tout de même une méthode facile. Nul besoin de vous isoler complètement.

Enveloppez-vous de votre bulle protectrice

Fermez les yeux et respirez normalement au moins trois fois pour vous centrer.

Respirez à nouveau, mais cette fois la bouche fermée, en prenant conscience de l'air qui entre dans vos poumons par vos narines et qui ressort lentement par la bouche légèrement entrouverte.

Faites cette respiration de trois à cinq fois, selon votre capacité de concentration.

Imaginez une fleur, un lys majestueux dont la corolle sort de votre cœur. De cette corolle émerge une immense vague d'amour et de compassion pour les âmes oubliées et rejetées. Ressentez la joie que vous procure ce don d'amour sans limites. Ressentez cette vibration d'amour.

Puis, murmurez : « Je vous aime, chères âmes, où que vous soyez, quoi que vous ayez fait. Je vous offre mon amour. Recevez le pardon d'une âme compatissante. »

Redites cette phrase autant de fois que vous en ressentez la nécessité.

En récitant cette prière, prenez le temps d'imaginer une lumière dorée, éclatante et vibrante qui suit votre courant d'amour et qui inonde les âmes en attente de prières.

Chapitre 21

Qui ? Quand ? Comment ?

Si vous souhaitez aider ces âmes abandonnées, le meilleur conseil que l'on puisse donner, c'est de ne pas vous attarder à trouver une âme en particulier. Les villes et les villages regorgent d'âmes laissées pour compte, jugées sans intérêt par une foule d'humains.

Nous pourrions comparer le sort des âmes oubliées aux itinérants que vous apercevez dans votre quartier ou dans les gares. C'est facile d'éviter de regarder les vagabonds qui quémandent au coin de la rue. Plusieurs d'entre nous passent devant eux comme s'ils n'existaient pas. Pourtant, nier leur existence ne les fait pas disparaître ni n'atténue leur désarroi.

Tout comme vous offririez quelques sous, un café ou juste un sourire à un itinérant au coin de la rue, vous pouvez offrir prière, pardon et amour aux âmes oubliées.

Voici quelques exemples, reliés à certains lieux, qui vous permettront de les aider :

Maison funéraire

Si un défunt est exposé, entourez-vous de lumière avant d'arriver devant la bâtisse puis murmurez simplement : « Qui que vous soyez, je vous offre l'amour dont vous avez besoin pour poursuivre votre chemin vers la lumière. »

Si aucun nom n'est affiché devant la porte ou s'il ne semble y avoir aucune activité, récitez tout de même une prière que vous offrez à une âme qui pourrait errer dans le secteur. Ce qui arrive, parfois. Bien que les âmes, dont il est question ici, ne soient pas directement alliées aux âmes errantes habituelles, leur offrir l'amour et le pardon ne peut que leur faire du bien.

Cimetière

Pour nombre de personnes, aller au cimetière les rebute. Elles ont peur de rencontrer des « fantômes ». Pourtant, il y a encore plus d'âmes errantes hors des cimetières qu'à l'intérieur. En ce qui concerne les âmes oubliées, c'est pourtant là qu'elles se trouvent en plus grand nombre.

Remontons le temps. Si, à notre époque, il est tout à fait normal de parler de crémation, cela n'aurait jamais traversé l'esprit de qui que ce soit, sauf de quelques « hurluberlus », voilà à peine trente ans. Ainsi, il était de mise d'acheter des lots familiaux dans les cimetières, histoire de se retrouver ensemble dans la mort comme dans la vie. Chacun avait sa place auprès des siens. Enfin, presque.

La religion catholique interdisait l'accès à son église et à son cimetière aux mécréants, aux personnes divorcées, il va sans dire, et aux suicidés ! Vous aviez beau avoir une vie pratiquement exemplaire, avoir aidé des gens dans le besoin, fréquenté l'église et payé votre dîme annuellement, cela n'avait plus d'importance au moment de votre décès si vous aviez choisi le moment de cette mort. Les temps ont changé, mais le suicide est encore considéré comme un acte qui vous envoie dare-dare en enfer ! Catholique ou pas, pratiquant ou pas. J'en ai encore eu la preuve voilà quelques semaines. Nous parlerons du suicide un peu plus loin.

Où sont enterrées ces âmes que certains préfèrent oublier ? Plusieurs sont inhumées dans un cimetière. Celles à qui l'on a refusé cette dernière demeure seront souvent enterrées sur le terrain familial loin de la maison et des regards des passants… pourvu que leur famille possède un lopin de terre. De nos jours, c'est pire. Si vous saviez le nombre d'urnes funéraires qui « traînent » dans les cabanons ou les remises, vous seriez horrifié !

Les cimetières possèdent des fosses communes où sont ensevelis les pauvres qui n'avaient pas d'argent pour acheter des terrains. On y enterrait aussi des inconnus qui mouraient dans le village et ceux que les familles en colère refusaient d'admettre dans leur lopin miniature.

Comme aucune pierre tombale n'orne cette fosse, aucun nom ne peut être associé à qui que ce soit, et des âmes tombent dans l'oubli. Peut-être auront-elles eu un service funèbre et l'on peut espérer que quelques personnes compatissantes auront eu une pensée généreuse pour ces personnes décédées.

Chapitre 22

Les départs volontaires

Depuis l'avènement des années 2000, un grand nombre d'âmes choisissent de retourner rapidement à « la maison ». Il y a ces âmes tombées subitement malades et qui sont décédées dans l'année du diagnostic, parfois même seulement quelques mois plus tard. Il est fort possible que cela fasse partie d'un karma de familles d'âmes. Vous remarquerez que dans ces cas assez particuliers, les gens se disent prêts à partir. Ils règlent rapidement leurs affaires courantes, préviennent leurs proches et, généralement, ce sont eux qui consolent ceux qu'ils vont laisser derrière.

J'ai connu et accompagné personnellement certaines de ces personnes. Elles regrettent surtout de laisser les gens dans l'embarras, parfois un embarras financier, parfois un embarras émotif, et elles s'inquiètent de ce que vont ressentir leurs parents en les voyant dépérir. Pourtant, elles acceptent ce départ avec une sérénité qui déconcerte leurs proches. Certaines personnes qui œuvrent dans le domaine de l'énergie ou de la santé globale diront parfois que ces âmes ont attiré leur cancer pour X ou Y raison… On s'entend que ce ne sont pas des *suicides* au sens habituel de ce mot. Si nous nous en tenons au karma, leur maladie a dû être décidée bien avant leur naissance. Nous pouvons aussi nous demander si ce cancer, que ces âmes se sont attiré, ne serait pas un test pour voir si elles passeraient outre à ce désir de mourir qui les suit peut-être de vie en vie… Nous pouvons supposer tant de choses.

Suicide

La nuit n'est pas la nuit et le jour n'est pas le jour pour l'âme souffrante. La joie n'est pas la vie et le bonheur n'existe pas. Plus rien n'a de sens, sauf la douleur et le rejet de cette vie qu'elle avait pourtant choisie. Ce qu'elle ressent n'est que l'enfermement dans ce corps physique, lui aussi, pourtant minutieusement choisi !

Quand la peur prend toute la place, la lumière ne peut pas irradier. Quand l'âme ne veut plus continuer, quand l'âme préfère rompre son contrat, nul ne peut l'arrêter. Certaines âmes hésitent et poursuivent tant bien que mal leur chemin en s'engourdissant à l'aide de médicaments, de drogues ou d'alcool. Viendra pourtant le moment où il faudra choisir entre continuer ou rebrousser chemin. Le mandat choisi au départ, alourdi par les déceptions et les leçons incomprises, ou alors mal préparé avant l'incarnation, fait en sorte que l'âme avait mal évalué son cheminement terrestre et souhaite revoir son plan de vie. Est-ce bon ? Est-ce mauvais ? Ce n'est pas à nous de juger, c'est à cette âme de faire son choix. Si l'âme a manqué de motivation ou de courage pour faire face à des situations désastreuses ou nuisibles envers les autres, elle comprendra rapidement ce que veut dire le mot *karma* lorsqu'elle se retrouvera de l'autre côté de cette vie. Elle réalisera qu'elle devra se réincarner et faire face aux mêmes situations. Et comme l'aurait dit ma marraine, elle a simplement « changé quatre trente sous pour un dollar » !

Qu'une âme déçue, découragée, décide de mettre fin à sa vie ne fait pas de cette personne une criminelle pour autant. Le suicide est jugé par les hommes selon la foi et selon la culture dans laquelle ils évoluent. Ainsi, dans certaines cultures différentes de la nôtre, notamment dans une région en Asie, des personnes âgées vont d'elles-mêmes sur une montagne pour attendre la mort afin de laisser la place aux plus jeunes. Ça ne veut pas dire pour autant qu'il faille glorifier le suicide, bien au contraire. Les conséquences dans l'après-vie sont aussi dévastatrices que nous pouvons le croire. On ne met pas un terme à un contrat sans avoir à en payer le prix. Quant au contrat de la vie, c'est encore plus vrai !

Choisir de mourir au lieu de demeurer parmi les gens qui nous entourent équivaut à leur dire que finalement leur présence nous indiffère et que nous préférons être ailleurs. Que leur amour n'a aucune valeur ni aucune importance à nos yeux. Pourtant, les parents, les amis, les collègues vivent ce suicide avec tellement de culpabilité et cherchent à déchiffrer les signes qu'ils auraient dû voir, les mots qu'ils auraient dû entendre… Plusieurs des proches ne se remettront jamais de cette mort insensée, incompréhensible à leurs yeux.

Cela est vrai pour une catégorie d'âmes. La maladie, la dépression, les immenses chagrins brouillent leur capacité analytique et le mur qu'elles frappent sert souvent de cri d'alarme, de hurlement et de demande d'aide souvent incompris.

Un choix, tout simplement ?

Par contre, des gens se suicident dans le silence. Aucun changement dans leur comportement ou dans leur caractère ne permet de croire à un tel acte. Pourtant, ils savent qu'ils vont mettre fin volontairement à leur vie d'ici peu.

Guylaine

La veille, Guylaine riait avec ses copines en sortant du restaurant à l'heure du *lunch*. À la fin de sa journée, elle était passée chez le nettoyeur prendre ses vêtements. Vers dix-neuf heures, elle avait appelé une collègue pour la prévenir qu'elle serait en retard au travail le lendemain matin et elles avaient badiné un moment. Dans la nuit, Guylaine s'est suicidée en avalant des médicaments. Tout avait été planifié quelques semaines plus tôt. Elle avait laissé une note écrite d'une belle écriture sans bavure, une note elle aussi préparée d'avance disant simplement que sa vie ne menait à rien, qu'elle partait en paix et qu'elle s'excusait auprès de la personne qui trouverait son corps.

Elle venait d'avoir 28 ans. Rien dans sa vie ne permettait de penser qu'elle n'était pas heureuse. L'autopsie n'a révélé aucune maladie cachée et aucune lacune ne ternissait son comportement au travail. Guylaine s'avérait une femme normale.

Maxime

Maxime était allé assister à une partie de hockey à Montréal avec ses *chums*. Ils avaient chahuté durant la *game*. Ils étaient revenus tôt, car ils travaillaient tous le lendemain matin. Mais, avant de rentrer, ils avaient fait un arrêt chez McDo pour manger un burger et avaient continué à s'obstiner sur le premier but marqué par Boston. Maxime ne s'est pas présenté au bureau le lendemain matin. Ce n'est que vers l'heure du *lunch* que son collègue et ami Nicholas décida d'aller aux nouvelles. Maxime ne répondait ni au téléphone ni à ses courriels, malgré le fait qu'il devait être au bureau pour la signature d'un important contrat en début d'après-midi. On le retrouva pendu dans la cage de l'escalier menant aux chambres. Sa femme et ses enfants se trouvaient chez des amis pour la semaine. Maxime avait laissé une note bien en vue disant : « Désolé de vous laisser tomber. Pour moi, la *game* est terminée. Personne n'est à blâmer. C'est mon choix, rien que mon choix… »

Encore là, tout semblait bien aller dans sa vie. Maxime paraissait être un mari aimant, un père présent et fier de ses enfants, un collaborateur apprécié de ses patrons et de ses collègues de travail. Sa santé et sa bonne forme physique furent démontrées à l'autopsie.

Johanne

Johanne enseignait l'histoire de l'art à l'université depuis six ans. Elle venait d'obtenir sa permanence, ce qui lui assurait une stabilité financière qui n'était pas à dédaigner. Mère de deux jeunes adultes, elle aimait voyager. Elle partageait cette passion avec son mari, propriétaire d'une petite entreprise qui vendait de l'équipement électronique et qui fonctionnait très bien. Ils avaient fait du ski toute la fin de semaine. Simon lui avait parlé de ses projets d'expansion et Johanne s'était montrée enthousiaste. Le mardi suivant, sans prévenir sa famille, elle avait annulé sa participation à un congrès à Ottawa. Le jeudi, elle quittait la maison comme prévu. Simon l'embrassa en lui souhaitant bon « congrès ». Johanne s'arrêta dans un hôtel à moins d'une heure d'Ottawa. À la réception, elle demanda à être réveillée à dix-sept heures prétextant un rendez-vous. En attendant, elle ne voulait pas être dérangée. La femme de chambre l'a retrouvée morte dans sa baignoire. Joanne s'était ouvert les veines. L'autopsie révéla que Joanne avait aussi avalé des somnifères.

Comme les autres, Joanne avait écrit un court message à son mari et à ses enfants leur demandant pardon du chagrin qu'elle leur causait. Elle avait fait un geste réfléchi, décidé depuis six mois. Sa vie s'arrêtait ici, tout simplement. Reconnue pour sa bonne humeur, son sens de l'entraide et son empathie, rien ne laissait prévoir ce qui allait arriver.

Comment expliquer de tels gestes ? Peut-être était-ce un choix karmique pour faire évoluer leurs proches ? Pourtant, ces âmes devront faire face aux graves conséquences d'avoir abrégé leur vie, d'avoir rompu le contrat de cette vie ! À moins que cela ne soit leur karma !

De tous les temps, des gens choisissent de quitter cette vie sans respecter leur contrat lors du choix de cette vie. Certaines personnes, conscientes des retombées sociales et morales sur leur famille, choisissent de se suicider en se faisant passer pour des héros.

Oui, il existe des gens qui sacrifient leur vie aux dépens d'autres êtres humains sans aucune arrière-pensée et nul doute que cela fait partie de leur contrat de vie. Cependant, dans ce chapitre, il est question de suicide et des âmes repentantes viennent me raconter leur histoire en quête de pardon.

Dans un suicide camouflé, pourquoi une âme demande-t-elle pardon ?

N. B. : Habituellement les âmes qui viennent me parler se présentent sous leur plus beau jour. Elles sont physiquement au meilleur moment de leur vie, sauf les suicidés !

Réjean

Quand il m'est apparu pour me raconter son histoire, Réjean n'était pas très beau à voir. Les siens ne l'auraient pas reconnu. On n'a qu'à penser qu'il avait séjourné dans l'eau de longs mois… (Je demande chaque fois à mes guides de me donner une image moins répugnante de l'être en question ou de ne pas me le montrer physiquement.)

Donc, Réjean avait 38 ans. Il travaillait pour une papetière sur la Côte-Nord en 1958. Marié et père de quatre enfants, il habitait une petite ville à peine plus grosse qu'un village. Il avait eu un accident de travail qui l'avait laissé infirme (le mot *handicapé* n'était pas encore de mise).

Un jour que Réjean comptait et marquait les billots qui entraient au moulin, une énorme bille de bois se détacha du camion et le frappa à l'épaule lui arrachant tout le bras gauche. Réjean étant gaucher, ce fut la catastrophe. À cette époque, la CSST n'existait pas et les entreprises n'avaient pas non plus de fonds d'urgence pour ce genre d'accidents ni pour d'autres non plus.

Après trois semaines d'hospitalisation, Réjean revint à la maison le corps endolori et le moral à la baisse. Les quelques économies amassées au fil des ans servirent à payer les frais hospitaliers, le médecin et le chirurgien. (L'assurance maladie n'existait pas à cette époque.) Son fils de quatorze ans avait laissé l'école six mois plus tôt que prévu pour aller travailler au moulin, le même où son père eut son accident. Il fallait nourrir la famille et subvenir aux besoins des plus jeunes, d'autant plus que Réjean ne pourrait plus travailler avant longtemps. S'il allait retravailler un jour.

Pendant qu'il me parlait, Réjean faisait se balancer son bras gauche inerte à l'aide de sa main droite. Une image assez traumatisante, croyez-moi !

« Qu'est-ce que tu voulais que je fasse avec ça, me lança-t-il. Y a pas grand *jobs* qui se font avec les pieds... J'pouvais même plus lever une pelle ! J'savais compter, mais j'étais pas instruit. Le *boss* au moulin m'a offert de travailler comme gardien de nuit parce que la nuit, les barrières sont fermées. Le jour, j'aurais eu de la misère à les lever parce que j'ai perdu mes forces. Pus de job, pus d'argent ! On a été obligés de déménager dans un village à côté. Mon beau-père avait une vieille maison qui servait pus. Il l'a un peu réparée pis on s'organisait avec ça. J'te dis que tout le monde avait l'air bête à la maison, c'était comme le carême, mais tout le temps !... J'pouvais pas aider pour traire les deux vaches avec une seule main... Je cordais du bois, mais j'pouvais pas le fendre... C'était pas d'avance. En plus, j'avais du mal tout le temps... Mon bras était mort pis il me faisait mal pareil ! Comprends-tu ça ?

» J'ai fini par aller revoir le docteur pour apprendre que la gangrène s'était mise là-dedans, et il fallait qu'il me coupe l'autre partie du bras jusqu'à l'épaule. Sacramant ! Le billot aurait dû me tomber sur la tête !

» Mon gars qui travaille au moulin me donnait un peu d'argent pis je m'achetais de la bière ou de la bagosse. Le mal s'endure mieux, mais ça fait mal quand même. Ma femme n'aimait pas ça que je boive parce que je suis baveux quand j'ai bu. Mais elle me laissait faire.

» J'ai enduré ça pendant un an, trois mois et soixante-huit jours, pis j'me suis tanné ! J'avais pensé aller me pendre dans le bois en arrière du vieux pont, mais avec un bras, c'est pas diable pour grimper dans un arbre avec une corde ! Le fusil, oublie ça... J'aurais manqué mon coup, c'est sûr.

» J'ai quand même eu de la chance, si on peut dire ça de même. Quand la rivière est montée au printemps, j'ai pris l'habitude d'aller marcher jusqu'au pont. L'eau frôlait le plancher. Je me suis dit qu'avec un peu de chance, l'eau allait emporter le pont quand je serais dessus.

» J'ai dit au maire : "Comme j'ai rien à faire, j'va surveiller le pont pour que personne traverse si l'eau monte trop haut."

» Un matin, "à barre du jour[4]", j'ai senti le pont qui branlait, et pas à peu près. Je savais que c'était le bon jour.

» Quand les enfants sont arrivés pour traverser pour se rendre à l'école, je leur ai fait signe de reculer. Pis les billes ont lâché. Un des jeunes s'est approché du bord, j'suis sorti du pont pour le pousser de toutes mes forces avec mon bon bras, pis j'ai reculé sur les billots qui restaient. La nature a fait le reste.

» Le gars à Jules a dit à son père que je l'avais poussé pour qu'il n'embarque pas sur le pont. Lui, il voulait m'aider à sortir de là, mais le courant était trop fort et j'étais parti avec le pont. Je sais que le garçon de Jules n'a pas dit au curé qu'il m'avait entendu blasphémer en tombant à l'eau parce que je n'aurais pas pu être enterré dans le cimetière. Ça a pas changé grand-chose parce que mon corps a pas été retrouvé. J'suis resté accroché à une souche au bout de la rivière, là où est ben creuse. Ils ont prié pour le repos de mon âme, même si je n'étais pas dans l'église. Personne n'a su que j'étais retourné exprès sur le pont. »

4. Au lever du jour.

Je lui ai demandé pour quelle raison il venait me voir, étant donné que sa famille et sans doute tout le village avaient dû prier pour le repos de son âme puisqu'il était considéré comme un héros ayant sauvé la vie des enfants. Il a répondu: «Le père de Jules a fait dire des messes pour moi, mais je pense qu'il devait se douter de quelque chose. Il passait son temps à me dire de faire attention, que c'était dangereux de rester sur ce pont. Quand il m'a dit que je pouvais surveiller les enfants en dehors du pont, je lui ai dit de se mêler de ses affaires!

– Vous avez donc eu des prières et des intentions, alors que faites-vous ici?

– Ben, j'ai menti parce que je ne voulais pas que ma famille soit montrée du doigt. Ça fait que j'ai commis deux péchés. J'ai menti et je me suis donné la mort, même si personne ne le savait. J'peux pas aller rejoindre les membres de ma famille comme ça parce que maintenant qu'ils sont morts, ils connaissent la vérité. J'ai bien trop honte!...»

Je lui ai demandé jusqu'à quel point il regrettait. Il a juste répondu qu'il regrettait en «sacramant!». Puis, je lui ai expliqué que c'était très simple. Il n'avait qu'à leur demander pardon ici même... Et s'il était sincère, sa famille comprendrait. Il m'a répondu que ça devait être pas mal plus compliqué que ça, et il s'est mis à pleurer... Et... «ils» sont arrivés, du moins, ceux qui étaient morts depuis ce jour tragique. Y compris le fils de Jules, décédé deux ans après la mort de Réjean, noyé lui aussi quand son embarcation a chaviré alors qu'il était à la pêche... La noyade devait faire partie de son karma finalement.

En fait, je n'ai perçu que les énergies lumineuses de ces êtres décédés, puis cela s'est évaporé...

C'était l'une de mes rares visites diurnes. J'étais heureuse de constater que le soleil était toujours là et je suis sortie marcher pieds nus sur le terrain derrière le chalet, histoire de reprendre contact avec ma réalité.

Faussement accusée de s'être suicidée

L'histoire de Bernadette est tellement banale que j'ai hésité à en parler dans ce livre. Il y a certainement des centaines de Bernadette au Québec. Cette histoire aurait pu se dérouler n'importe où, en ne changeant que le prénom, le lieu et la région, que cela conviendrait à bien des jeunes femmes. Ce qui m'a poussée à en parler, c'est l'apparence physique de cette âme.

Bernadette s'est présentée à moi brusquement alors que je conversais au téléphone. Au départ, je n'ai senti que son énergie qui se projetait vers moi. Je lui ai fait signe de s'en aller, mais peine perdue. J'ai tourné le dos à cette énergie pour lui signifier mon indifférence. Pourtant, je ressentais toujours un froid intense dans mon dos. J'ai terminé rapidement mon appel puis je suis revenue à ma position de départ avec une certaine impatience. Habituellement, quand je refuse une rencontre, l'énergie disparaît immédiatement pour revenir plus tard, ou jamais… J'ai repris mon travail à l'ordinateur, même si je sentais toujours ce froid qui s'insinuait autour de mes jambes. C'était une sensation bizarre, un peu lourde, mais non menaçante.

Je lui ai proposé de revenir plus tard, mais non seulement Bernadette n'a pas quitté la pièce, elle s'est matérialisée dans l'encadrement de la garde-robe ! J'ai fermé les yeux pour ne pas la voir, car elle était horrible. Cependant, j'ai compris qu'il me faudrait répondre, même si je n'en avais pas envie…

Quand j'ai ouvert les yeux, elle était là, « spectrale », c'est le cas de le dire ! Une robe en lambeaux, pieds nus, longs cheveux ébouriffés, yeux cernés jusqu'à la moitié des joues. En fait, je me suis dit que ça devait être un faux fantôme. L'apparition ressemblait à un personnage tout droit sorti d'un film d'horreur !

Ce fantôme me déstabilisait parce qu'en général, les entités qui me visitent se présentent sous leur plus beau jour et portent leurs vêtements préférés. Il y a bien eu Réjean, mais je le percevais dans son milieu. Habituellement, une brèche s'ouvre dans le temps et l'espace.

En fait, nous sommes séparés par un espace invisible tout en étant réel… C'est difficile à expliquer…

Donc, Bernadette représentait l'image type que l'on se fait d'un spectre : évaporée, diaphane, légère. Je n'avais pas besoin de la toucher pour savoir que mes mains traverseraient un corps gazeux.

« Ce n'est pas vrai, je n'ai pas tué mon bébé, même si ça ne me faisait rien de mourir… », dit-elle.

La jeune fille tortillait un pan de sa chemise entre ses doigts et elle parlait si rapidement que j'avais de la difficulté à tout comprendre… J'avais beau lui demander de se taire un moment, elle ne m'écoutait pas. En fait, je crois que c'est moi qui ne suivais pas. J'étais trop déconcertée par son apparence. J'ai respiré profondément, je me suis ancrée de nouveau et là, j'ai pu la regarder en face. Physiquement, elle n'avait pas changé, mais je pouvais maintenant la regarder sans avoir la chair de poule.

J'ai pris du papier et un crayon et j'ai décidé d'y aller sous forme de questions pour débuter : « Quel est ton nom et quel âge as-tu ?

– Je m'appelle Bernadette, j'ai eu dix-huit ans en novembre 1952. »

Je lui ai demandé de me raconter ce qui était arrivé à son bébé.

« Il s'est noyé, et ils ont dit que c'est moi qui l'avais noyé. Et que je m'étais tuée parce que je savais que j'irais en prison, et que je serais pendue, et que j'irais en enfer parce que c'était péché d'avoir un bébé quand on n'est pas mariée. Mais ce n'est pas ma faute, c'est lui qui m'a obligée. Je ne savais pas que l'eau monterait et le pont est tombé… »

J'ai fini par lui faire comprendre que ce n'était pas nécessaire de parler si rapidement, que je prendrais le temps qu'il faut pour l'écouter.

Bernadette, une jeune nonne assez instruite et fraîchement sortie du noviciat souhaitait enseigner à l'école de son village, dans la région des Appalaches. Comme le poste n'était pas disponible, elle fut déléguée pour travailler avec d'autres religieuses au presbytère d'une petite ville minière en Beauce. Malheureusement pour elle, la jeune novice avait attiré l'attention du vicaire pour finalement se retrouver enceinte.

La directrice de la congrégation avait prévu envoyer Bernadette accoucher à Québec, mais la nature en décida autrement. Le bébé se présenta quelques semaines plus tôt. La femme du notaire avait trouvé une famille qui acceptait de garder la jeune fille en échange de travaux domestiques. Après la naissance, Bernadette espérait se rendre chez ses parents, mais elle reçut un message de sa mère lui interdisant de revenir à la maison avec l'enfant.

Au bout d'un mois, incapable de subvenir aux besoins de son enfant, Bernadette décida d'abandonner son bébé. Elle partit pour le village avec l'intention de laisser le poupon sur les marches du perron du couvent, se disant que les religieuses le trouveraient en allant à la messe du matin.

Au printemps, la rivière Chaudière, comme bien d'autres rivières, déborda soudainement. L'eau monta si rapidement que la force du courant emporta tout ce qui se trouvait sur son passage, y compris Bernadette et son bébé. Des hommes, qui surveillaient la montée de la rivière, racontèrent que Bernadette s'était jetée à l'eau avec son enfant. Il n'en fallut pas plus pour que Bernadette soit excommuniée pour s'être suicidée et soit accusée d'avoir commis un infanticide.

Après avoir expliqué à Bernadette que son enfant devait être au paradis, et ce, depuis longtemps, je lui ai demandé pour quelle raison elle se trouvait encore ici.

La jeune femme avoua qu'au moment où elle avait perdu pied au bord de l'eau, elle s'était sentie soulagée et heureuse de quitter cette vie. Bien des fois, au cours des derniers mois, elle avait souhaité que le bon Dieu vienne la chercher avec son bébé, même si c'était péché de demander une telle chose. Elle n'avait pas essayé de lutter contre le courant ou tenté de lancer son bébé plus loin sur la terre ferme. Elle se sentait responsable de la mort de son enfant et de la sienne.

Ce fut facile de la libérer de ce bas astral où elle végétait depuis tant d'années. Pour une rare fois, je l'ai accompagnée jusqu'au « portail ». Je n'ai pas vu son visage lorsqu'elle a franchi le pas. Par contre, son essence devint plus lumineuse.

Bernadette, n'ayant pas lutté contre la force du courant, considérait son geste comme un péché mortel qui ne pouvait pas être pardonné, ce qui l'empêchait d'évoluer vers un plan supérieur. Elle ne s'était pas suicidée, elle avait simplement accueilli la mort avec fatalité et sérénité.

Par son comportement et son insistance à me déranger, je crois que Bernadette est une âme errante, contrairement à mes visiteurs habituels.

Il y aurait encore de nombreux cas de ce genre de suicide à raconter. Cependant, cela n'apporterait rien de plus au contenu de ce livre…

Encore une fois, les âmes avec qui je suis entrée en contact s'accordent à dire que si elles avaient su dans quelle souffrance elles laissaient leurs proches et dans quels tourments elles-mêmes se retrouveraient par la suite, elles auraient attendu le moment prévu pour leur retour à la maison.

Chapitre 23

Pas toujours facile, la compassion

Tony (en fait, son véritable nom n'avait rien à voir avec ce diminutif, mais il se faisait appeler ainsi depuis l'adolescence) avait maintenant 35 ans. Il vivait en couple avec une femme de cinq ans son aînée. Ils demeuraient dans une ville pas très loin de Montréal. Lise, cadre dans un petit hôpital depuis vingt ans, gagnait suffisamment bien sa vie pour payer son prêt hypothécaire et subvenir à ses besoins. Durant quelques années, Tony apporta sa contribution au ménage, puis il sombra dans la drogue. Au début, cela n'avait rien de bien grave. Cependant, au fur et à mesure que sa consommation augmenta, Tony devint plus agressif. Lise mit fin à leur relation en espérant que ça inciterait son ami à se prendre en main. Les choses se passèrent différemment. Tony devint plus insistant, son agressivité monta d'un cran. En plein milieu de la nuit, il se présenta chez Lise espérant obtenir de l'argent pour payer sa drogue. Lise refusa. La dispute dégénéra et Tony poignarda son ex-conjointe de dix-huit coups de couteau. Après avoir volé le portefeuille de Lise contenant sa carte-guichet et quelques cartes de crédit, Tony prit la fuite. Quarante-huit heures plus tard, son corps fut retrouvé mort dans un boisé à proximité de l'autoroute 40 Ouest. Il s'était pendu. Cette histoire remonte à vingt-trois ans.

Certaines des âmes qui viennent me demander de l'aide ont la manie de me faire visualiser leur drame. J'avoue que, parfois, ces visites me sont pénibles. Heureusement, j'ai vite compris que je pouvais demander à mes guides de m'épargner ces visions. Souvent, l'âme, horrifiée par son geste et heureuse de trouver une « oreille » compatissante, se contente de narrer son histoire. Tout dépend de ce qu'était sa personnalité dans la vibration terrestre. Dans le cas de Tony, grâce à mes protecteurs astraux, je pus me contenter de l'entendre.

J'avoue que ce genre de cas me bouleverse au plus haut point. Une femme sans défense, assaillie chez elle en pleine nuit puis poignardée à mort n'incline pas a priori à pardonner !

Donc, je respire un bon coup et je prie un moment pour la victime. Puis, je demande l'aide de mes guides afin de garder l'esprit ouvert et d'accomplir ce pour quoi je suis venue dans cet Univers. Je m'assure d'être bien ancrée dans la terre et j'ouvre mon cœur à la compassion. Cela fonctionne chaque fois.

De cet homme qui me demandait de l'aide émanait un sincère repentir, un désir de s'amender et une douleur tangible. Cela dit, je ne peux pas expliquer comment la douleur peut être tangible, je peux seulement la ressentir ! Tony avoua s'être pendu, car c'est ce qu'il méritait pour avoir tué son ancienne conjointe. Il n'avait aucunement fait ce geste pour échapper à la justice, au contraire. La prison, il la connaissait pour y avoir séjourné à quelques reprises. Ce n'était pas si horrible, raconta-t-il, si l'on acceptait certaines conditions. Du moins, c'est ainsi qu'il voyait les choses. Ce qu'il ignorait en mourant, c'est qu'il devrait attendre dans une place *weird*[5] (c'est son expression) avant de rejoindre sa famille (!). Tony, persuadé d'avoir commis un geste punitif en se donnant la mort eut la surprise de constater que, finalement, ce fut le mauvais choix. Il se sentait prêt à aller organiser

5. « Bizarre. »

sa future vie afin de comprendre et de voir ce qu'il pourrait faire pour revenir sur terre et devenir un meilleur être humain. Pour cela, il avait besoin de pardon. Personne ne semblait enclin à l'aider. Alors, il avait osé venir vers moi, avait-il précisé.

Tony est l'une des âmes à qui j'ai demandé de quelle manière elles savaient que je pouvais les aider. La réponse : « Nous le savons ! »

Chapitre 24

Les retardataires

Le concept des retardataires m'a fort surprise. Pourtant, cela tombe sous le sens si nous acceptons le fait que nous sommes liés à une famille d'âmes, et ce, pour une ou plusieurs incarnations. Ainsi, lorsqu'une âme retourne à la « maison » après avoir terminé son mandat terrestre, elle choisit sa prochaine destination et prépare sa mission future, comme nous préparons nos prochaines vacances. Cela dit, l'âme, sachant d'avance que telles et telles âmes seront du voyage, dessine son prochain plan de vie.

Plusieurs de ces âmes devront attendre de très nombreuses années que les « familles » soient réunies. Mais, comme le temps n'existe pas, cela n'a aucune importance, tant que l'âme demeure à la Source.

Si une âme choisit son plan de vie en fonction des âmes qui l'accompagneront sur terre ou vers une autre dimension, elle risque d'avoir un « problème » le moment venu, si certaines des âmes de sa famille sont retenues dans le bas astral. Des âmes ne seront peut-être pas au rendez-vous. Il est logique de penser que des âmes en début d'évolution vont devoir attendre si, effectivement, elles doivent se retrouver dans un plan de vie où il manquera des âmes pour un type de réincarnation. Il existe heureusement des plans de secours où des âmes changent leur mission momentanément pour y revenir quand toutes seront disponibles. Si sur terre nous pouvons recourir à un plan B, ce serait fort étonnant que cela soit ignoré entre deux vies. De même, nous pouvons penser que si une âme doit attendre plus longtemps que prévu pour une incarnation, cela fait aussi partie d'un grand Tout !

Ce qui m'inquiète un peu, c'est la notion qu'une âme noire puisse prendre une place qui ne lui appartient pas. Selon Zorahm, des âmes noires sous l'emprise de l'Ombre attendent et usurpent la place d'une autre, une fraction de seconde avant l'incarnation. Leur but est de se réincarner le plus possible et de retrouver une société déjà établie sur terre, une société au service de l'Ombre, cela va de soi.

En ce qui concerne le calvaire des Ombres, j'ai compris que les âmes qui sont abandonnées et oubliées subissent à la longue ce que nous pouvons appeler des « supplices ».

Chapitre 25

Le calvaire des Ombres

Nous aimons croire qu'une fois décédées, les âmes sont libérées et cheminent également. Malheureusement, ce n'est pas le cas pour toutes. Lorsque des âmes quittent le plan terrestre, elles ne sont pas traitées de la même façon. Tout dépendra de la manière dont elles auront vécu. Majoritairement, elles sont accueillies soit par des parents, des amis, des êtres spirituels qui les guident le long du processus de transformation. Néanmoins, certaines âmes n'auront pas la même chance à cause des crimes commis juste avant de mourir. C'est le cas des âmes que l'on préfère oublier.

Puis, il y a celles qui de leur vivant travaillaient au service de l'Ombre et qui poursuivront le même type d'activité dans le bas astral. Celles-ci sont très attendues, car ces âmes noires poursuivront leur activité criminelle devenant des tortionnaires aussi dans l'au-delà.

Certaines âmes abandonnées par les vivants seront happées par les forces négatives. Leurs facultés spirituelles, affaiblies par la culpabilité ressentie, les empêcheront de discerner adéquatement qui les reçoit dans l'autre vie. Ainsi, ces dernières deviendront souvent les esclaves des forces de l'Ombre et devront soit subir leur courroux soit les servir malgré elles. Ainsi, ces pauvres âmes seront amenées dans une vibration, ou si vous préférez dans un endroit loin de leurs êtres chers décédés, et utilisées comme *geôlières* ou comme *bourreaux*. Si elles résistent, elles sont alors tourmentées par les démons.

L'âme quitte la Source en état de grâce, pleine d'amour et de compassion envers l'humain qu'elle habitera. Elle sait qu'en principe, quand elle aura terminé sa mission terrestre, elle y retournera afin de se régénérer. Elle accepte donc son contrat karmique avec foi et amour. Le retour à la Source est le but ultime de l'âme. Imaginez alors son calvaire quand elle est retenue dans le bas astral et asservie ! Certaines de ces âmes garderont malgré elles d'autres âmes dans un astral très près de la terre, empêchant même les âmes errantes de se libérer.

Donc, les âmes qui refusent de se soumettre sont torturées et gisent dans un lieu ressemblant à un désert de fange sans lumière aucune et surtout sans aucun espoir de s'en échapper par elles-mêmes. Cela étant, leurs réincarnations ne pourront avoir lieu comme il en a été décidé précédemment et les places «laissées vacantes» seront parfois subtilisées par des âmes noires. C'est aussi l'une des raisons pour lesquelles ces âmes sont gardées captives.

Plusieurs médiums nous ont déjà expliqué le parcours de l'âme une fois que celle-ci a quitté le corps physique. Ainsi, nous savons déjà que la douleur est encore présente pour un temps plus ou moins long. Donc, en sachant que la douleur physique perdure même après la mort, nous acceptons plus aisément ce concept de souffrances infligées par des tortionnaires de l'Ombre.

De plus en plus de passeurs d'âmes découvrent ce qu'il advient de ces âmes en transition et font en sorte de les libérer afin qu'elles retrouvent leur essence divine et reprennent le chemin de la Source. Je vous assure que vous en entendrez beaucoup parler dans les années à venir puisque certains travailleurs de lumière commencent à se spécialiser dans ce type de libération spirituelle.

Si vous êtes tenté de prétendre que ce n'est que justice, qu'elles ont ce qu'elles méritent étant donné leur crime, dites-vous que les âmes noires qui prendront leur place feront encore pire. Voilà peut-être une raison pour apporter rapidement notre aide aux âmes abandonnées.

Chapitre 26

Vivons-nous une vie parallèle?

Je sais que ce chapitre peut demander une grande foi. Heureusement, je ne suis pas la seule à avoir visité le monde astral et plusieurs médiums pourront vous confirmer que ce n'est pas que le fruit de l'imaginaire.

Il existe bien un univers parallèle où l'on vit sensiblement de la même manière, en ce sens que la vie est ordonnée. Les dimensions ne sont pas identiques et les maisons, si elles ressemblent aux nôtres, n'en sont pas des copies conformes. Il est important de savoir que nous ne traversons pas non plus d'un endroit à l'autre en emportant des objets. Nous pouvons néanmoins rapporter certaines connaissances. Je me suis retrouvée dans cet univers et dans la même propriété à au moins cinq reprises dans les vingt-cinq dernières années, dont deux fois depuis trois ans.

La première fois, j'ai pensé que je rêvais, car tout ce que j'avais vu s'avérait d'une réalité incroyable. La seconde fois, je me suis posé des questions à l'intérieur du «rêve». J'avais beau me dire que j'étais en état de rêve, une petite voix me suggérait de regarder attentivement autour de moi afin de me souvenir des détails. Quand je me suis vue dans la même maison pour la troisième fois, alors j'ai compris. Ce qui m'a le plus étonnée fut de constater que j'y avais une famille, un conjoint et des enfants, huit en tout, y compris un bambin de moins de cinq ans. Je me suis adressée aux membres de « ma famille » du haut d'un balcon. Je leur expliquais la vie que je menais dans l'univers terrestre et tous semblaient apprécier mon discours. Ce qui me troublait dans cette rencontre, c'était de constater la froideur des enfants à mon égard malgré leur attention envers moi, et il en était de même de mon côté. Une complète absence de sentiment. Je suis ensuite descendue au rez-de-chaussée pour vaquer à quelques occupations et, cette fois, je me montrais attentive aux objets de la vie courante. Par exemple, une laveuse pour le linge n'avait absolument rien à voir avec l'objet lave-linge que nous avons ici dans notre univers. Je me souviens parfaitement de l'avoir examiné pour comprendre le mécanisme, mais peine perdue ! Une personne à mes côtés m'expliquait de quelle manière l'utiliser. J'agissais avec mon corps, par contre, dans ma tête, les pensées se bousculaient… En voyant la hauteur des fenêtres, j'ai pensé que les rideaux devaient coûter une fortune ! Par contre, la décoration était affreusement terne, sans vie ; un peu comme lorsque nous regardons une photo en noir et blanc des années 1950…

Ici, sur la terre, il n'y a rien de comparable… Parfois, pour décrire les lieux, les mots me manquent. On m'amena dehors, dans le jardin immense, on s'en doute bien, pour me montrer où en étaient rendus les travaux amorcés lors de ma visite précédente. Une autre surprise : personne ne sortait de la propriété, jamais. Tous trouvaient tout ce dont ils avaient besoin le moment venu. Pourtant, les adultes travaillaient, mais je n'ai pas encore découvert leur genre de travail. Lorsque je suis repartie, aucun des enfants n'a montré une émotion quelconque, ni moi envers eux.

Cette année, j'ai su à quel point nous étions nombreux à visiter ces drôles d'endroits. L'Univers a mis sur mon chemin des gens qui possédaient déjà des informations semblables aux miennes confirmant encore une fois que je n'avais rien rêvé.

Je vous raconte cela, car je suis persuadée que je me trouvais dans un plan astral situé très près du lieu où séjournent les âmes abandonnées.

La résidence dont je viens de parler devait se trouver juste au-dessus du bas astral. Je n'ai pas de preuves absolues, mais plutôt une très forte intuition. Quand j'ai demandé s'il y avait une cave dans la maison, on m'a aussitôt amenée dehors et on a fait comme si ma question avait été oubliée. On m'a montré des fleurs inconnues de ma part. De toute manière, je ne connais rien aux fleurs.

Pourtant, cette vie, si elle doit ressembler à la nôtre, doit aussi avoir des énergies positives et des énergies négatives, ce qui me ramène à mon questionnement sur les âmes abandonnées, celles que l'on préfère oublier.

Chapitre 27

Une histoire d'amour

Pour terminer ce livre en douceur, je vous offre une belle histoire d'amour pour mettre un peu de baume sur ces âmes meurtries, dont je vous raconte les malheurs depuis le début de ce livre.

Afin de préserver l'anonymat de la famille, j'ai modifié les noms et prénoms.

L'automne dernier, je reçois un appel de ma sœur m'expliquant que l'une de ses collègues vivait des moments difficiles ; sa mère allait mourir d'un jour à l'autre. Il semblait que la dame de quatre-vingt-dix ans, malgré ses douleurs, ne se décidait pas à partir. Toute la famille réunie autour de l'« agonisante » avait beau lui donner la permission de partir vers un monde meilleur, la vieille dame s'accrochait.

Ma sœur parla à sa collègue de mon travail de passeuse d'âmes et lui indiqua que je pouvais aider les membres de sa famille à comprendre ce qui retenait leur maman. Je demandai quelques précisions comme la date de naissance, le nom de jeune fille de la dame et une caractéristique si possible. J'entrai en méditation et ce ne fut pas long que je rencontrai l'âme de madame Rose. Je la vis qui marchait au ralenti dans un corridor plutôt étroit cherchant une sortie, en jetant des regards inquiets tout autour. Je sentais sa peur et son angoisse. Cette dame avait très peur, car depuis son enfance on lui avait toujours dit que c'était impossible d'entrer directement au paradis. Quand elle tentait de quitter son corps, la peur d'aller en enfer la faisait paniquer. Et s'il n'y avait rien d'autre que d'être enfermé dans une tombe pour l'éternité. Je l'ai suivie pendant qu'elle arpentait ce corridor sans oser se rendre jusqu'au bout. J'ai communiqué avec Lise pour lui expliquer les craintes de sa mère.

Plus tard, Lise et son conjoint se sont attardés auprès de la dame et, tandis que la fille trouvait les mots pour la rassurer, son gendre lui passait de l'eau sur le visage et la peignait avec une grande délicatesse. Concernant le conjoint en question, j'appris qu'il prodiguait lui-même ces soins chaque fois qu'il se trouvait au chevet de sa belle-mère, à la surprise des autres membres de la famille.

Le lendemain matin, alors que je m'installais pour une méditation, j'eus la surprise de revoir la vieille dame dans un autre environnement et à une autre époque.

Elle vivait sur une ferme avec son mari et ses enfants. L'existence paraissait agréable malgré la rudesse de la vie sur une ferme, voilà plus de cent cinquante ans. Je la sentais heureuse avec sa famille et son mari. La petite communauté n'était pas très étendue. À la ferme voisine vivait un couple avec des enfants. La femme sur le point de donner naissance mourut lors de l'accouchement. C'est Rose (la vieille dame dont il est question et qui ne s'appelait pas ainsi) qui vint prendre soin des enfants et aider un peu à la maison. Au fil du temps, son voisin tomba amoureux de Rose et, la sachant bien mariée, garda pour lui ses sentiments. Quand la grippe fit des ravages, c'est Rose encore une fois qui vint donner des soins aux enfants et au père qu'elle soigna jusqu'à son dernier souffle.

Puis, je vis deux images se superposer. Bien que je n'aie jamais vu le conjoint de Lise, je sus que c'était lui, le voisin en question.

Ainsi va le cycle des incarnations. Dans cette vie, l'ancien voisin de jadis avait, sans le savoir consciemment, prodigué le même type de soins à Rose, soins dont il avait fait l'objet, lui aussi, en fin de vie.

Quelques jours après le décès de la dame, encore une fois en méditation, je l'ai vue passer sur une route de terre et s'arrêter un moment devant la maison où elle avait vécu jadis. Son pas léger, son sourire et sa pimpante robe à fleurs furent pour moi une indication comme quoi tout se passait bien de l'autre côté.

Annexe

La prière

Certains mots, dans un monde où la laïcité tend à éliminer le sacré de nos vies, semblent difficiles à prononcer. Je connais des gens qui ont banni le mot *prière* de leur vocabulaire pour le remplacer par *demande* ! Peu importe le vocabulaire, c'est l'intention qui compte.

La prière existe depuis la nuit des temps. Dans toutes les circonstances, la prière est de mise. Pour demander, car, comme la définition l'indique, la prière est une demande pour remercier, pour exprimer sa reconnaissance, pour échapper à la peur, pour trouver le courage quand cela est nécessaire.

Prier, c'est aussi avouer sa fragilité quant à l'inconnu et demander le courage d'aller plus loin. Lorsque vous devez faire face à des énergies dont vous ignorez la provenance, c'est bien de prendre un moment pour vous ancrer puis de prier.

Bien qu'il soit facile de vous adresser directement à ceux à qui vont vos prières, il peut arriver que vous ayez envie de parler à un être spirituel en particulier. Vous pourrez soit créer vos prières soit utiliser des prières existantes.

Joane Flansberry nous en offre quelques-unes dans ses livres sur les anges. Comme Joane a eu l'excellente idée de nous donner aussi la liste des anges avec leur fonction, vous saurez trouver l'ange qui conviendra le mieux à votre situation.

L'ange 65, Damabiah, est tout indiqué pour éloigner l'Ombre de votre vie et de votre résidence. Et si vous ajoutez l'archange Michaël à votre prière, vous serez en sécurité. Ces anges m'accompagnent chaque fois que j'ai à travailler avec les âmes oubliées.

Un cocon à toute épreuve

Pour que votre cocon soit à toute épreuve, il faut ignorer la peur. Pour ignorer la peur, vous devez avoir confiance en vous, en votre capacité d'effacer le doute quand vous le sentez monter.

Cela n'est pas juste un principe, c'est une technique qui a fait ses preuves. Il vous faudra faire cet exercice pendant 21 jours sans interruption pour que votre cerveau enregistre le message et le conserve, comme le ferait un ordinateur. Le manque de temps n'est pas une raison puisque cet exercice ne prend que quelques minutes. Plus vous avancerez et le pratiquerez, moins de temps ça vous prendra.

Le soir ou le matin ? À vous de déterminer ce qui vous convient le mieux. Par contre, il faudra que ce soit toujours à la même période, c'est-à-dire que si vous commencez le matin, allez-y pour 21 matins d'affilée, même chose pour les soirées. Vous respirez profondément durant une minute ou deux, plus encore si vous avez de la difficulté à vous détendre. Si vous êtes une personne stressée de nature, il vous faudra peut-être écouter une méditation dirigée ou une musique relaxante avant d'entreprendre la création de votre cocon.

Chacun trouve sa technique pour s'entourer de lumière. Personnellement, je me vois au centre d'un œuf cosmique, mon corps flotte littéralement dans un bain de lumière blanche et cristalline impossible à percer. À l'extérieur de l'œuf, la membrane est renforcée par les sept couleurs de l'arc-en-ciel. Quand je dois me rendre quelque part sans savoir ce qui m'attend, j'entoure mon cocon d'un miroir très puissant qui retournera vers les gens leur sentiment à mon égard. Si c'est de l'amour, tant mieux, si c'est de la méchanceté, tant pis pour eux. Si je me sens en réel danger, je demande l'aide des anges pour renforcer encore plus mon cocon.

J'applique cette technique depuis 35 ans avec des résultats étonnants. Avec le temps et la pratique, je m'enferme dans ce cocon aussi vite que le permet la pensée, c'est-à-dire une fraction de seconde.

Pour certains, c'est un ballon, pour d'autres, c'est un tube de cristal. Il n'y a pas d'objet meilleur qu'un autre, il y a celui qui vous convient. Je connais des gens qui se visualisent dans une cabine téléphonique. TOUT est possible, pourvu que vous soyez à l'aise avec la technique.

Quand un ménage énergétique s'impose

Le ménage énergétique est absolument nécessaire, autant pour votre résidence, les objets qui vous entourent que pour les appareils électroniques, il va sans dire. Ce genre de ménage devrait accompagner le ménage de votre maison chaque semaine.

Quand tout est propre, quand la maison est en ordre, c'est si simple d'allumer un peu d'encens, quand cela est possible, ou de vaporiser de la sauge liquide au centre de la maison. Laissez toutes les portes des chambres ouvertes ainsi que celles des placards et des garde-robes. Si un endroit vous semble agressant, vaporisez de nouveau de la sauge ou promenez-vous dans la pièce avec de l'encens en insistant dans les recoins. En général, une demi-heure plus tard, votre maison est débarrassée des énergies négatives ; évidemment, on suppose qu'il n'y a rien eu de dramatique dans la résidence au cours de la semaine.

Il est important d'ouvrir des fenêtres si vous utilisez de l'encens, surtout si vous possédez des animaux de compagnie. Ils ont un odorat très développé.

Emplissez votre maison de musique, de joie, d'amis. Cultivez le bonheur, et le taux vibratoire de votre maison se tiendra à un niveau trop haut pour laisser entrer les vibrations indésirables. Cependant, faites-le régulièrement. La vigilance est toujours de mise.

Il en va de même pour votre corps. Une poignée de gros sel incorporée à l'eau de votre bain ou ajoutée à votre savon liquide au moment de la douche fera aussi un travail de nettoyage énergétique. Tout en vous rinçant, visualisez le négatif que vous pourriez avoir accumulé dans la journée disparaître avec l'eau du bain.

Conclusion

Je crois sincèrement que ce qui importe le plus, c'est d'être conscients de l'âme qui habite notre corps. De comprendre que nous sommes ici pour des raisons bien précises et que peu importe où la vie sur terre nous mènera, nous serons toujours reliés les uns aux autres.

Accorder son pardon aux autres, c'est aussi nous donner la chance d'être pardonnés à notre tour le moment venu.

Quoi que vous fassiez, qui que vous soyez amené à rencontrer dans ce monde, ou dans l'autre monde, rappelez-vous que vous êtes une partie intégrante de la Lumière. Voici ce que je récite quotidiennement :

Je suis la Lumière
La Lumière est en moi
La Lumière passe à travers moi
La Lumière m'entoure
La Lumière m'enveloppe
La Lumière me protège
Je suis la Lumière
Je suis entourée d'Êtres de Lumière.

Cette prière est attribuée à Marie Lise Labonté.

Remerciements

Mes premiers remerciements vont à mon éditeur, Alain Williamson, des Éditions Le Dauphin Blanc, pour sa confiance et son ouverture d'esprit. Merci aussi à toute son équipe pour sa gentillesse, pour le travail accompli, pour la qualité de l'accueil et la disponibilité de chacun. Merci principalement à Sonia Marois qui comprend tellement mes appréhensions d'auteure et mes interrogations. Son calme est contagieux...

Merci surtout à mes enfants Brigitte, Jean-François, Dominic, qui risquent de se faire poser bien des questions à la suite de la parution de ce livre. Je vous aime et vous remercie de croire en moi.

Merci André pour les relectures, les corrections et les commentaires pertinents. Sans ta confiance, ce livre n'aurait sans doute pas vu le jour.

Merci à Sylvain Bolduc, médium, pour son aide chaque précieuse fois que j'ai eu besoin de réponses. Ses interventions m'ont aidée à comprendre que ce que je voyais existait vraiment. Merci aussi d'avoir pris le temps de m'accorder une entrevue malgré un horaire chargé avec le Bureau d'enquêtes en phénomènes paranormaux.

Merci à Anick Lapratte pour son livre : *Se libérer des âmes errantes*, publié aux Éditions Le Dauphin Blanc. Grâce à ton livre j'ai pu constater que les âmes oubliées, ne sont pas à proprement parler des âmes errantes.

Merci à vous, lecteurs, qui me suivez depuis la parution du livre *Si une autre vie m'était contée…* et qui enrichissez mes connaissances par vos histoires personnelles. Je ne peux pas tous vous nommer, de peur d'en oublier. Je lève tout de même mon chapeau à France B. avec qui j'échange régulièrement sur la notion de pardon.

Pour me rejoindre sur ma page Facebook : Marie-Pierre Michaud et par courriel à : michaudmariepierre1@gmail.com.

MARQUIS

Québec, Canada

RECYCLÉ
Papier fait à partir de matériaux recyclés
FSC® C103567

Imprimé sur du papier Enviro 100% postconsommation
traité sans chlore, accrédité ÉcoLogo et fait à partir de biogaz.